Charles Glauser

Benj. Constants Adolphe und seine Bedeutung für den französischen Roman

Charles Glauser

Benj. Constants Adolphe und seine Bedeutung für den französischen Roman

ISBN/EAN: 9783744645454

Hergestellt in Europa, USA, Kanada, Australien, Japan

Cover: Foto ©ninafisch / pixelio.de

Weitere Bücher finden Sie auf **www.hansebooks.com**

Vorwort.

Die der philosophischen Fakultät zu Leipzig eingereichte Dissertation führt den Titel

Benj. Constant's „Adolphe" und seine Bedeutung für die französische Litteratur, romantische Periode (1816—1848),

jedoch mit gütiger Genehmigung der Fakultät gibt der Verfasser nur die Teile I und II in Druck.

Benjamin Constant's „Adolphe".

1. Teil.

Kapitel I.

Überblick über die Litteratur der französischen Schweiz vor Benjamin Constant.

Bis zum 18. Jahrhundert besitzt die französische Schweiz überhaupt keine Litteratur, die in Bezug auf Form oder Inhalt nationale Eigentümlichkeiten aufwiese. Erst nachdem die aus Frankreich vertriebenen Calvinisten ihren dauernden Wohnsitz in Genf, Lausanne und Neuenburg aufgeschlagen hatten, änderte sich die Sachlage. Die französischen Flüchtlinge verpflanzten in ihre neue Heimat nicht nur ihre Industrie, sondern auch neue Ideen, die besonders in Genf einen äusserst günstigen Boden fanden. Trotz aller religiösen und politischen Streitigkeiten herrschte in dieser Stadt ein lebhaftes Interesse für die Wissenschaft, während die Litteratur erst viel später Beachtung fand, sodass in Lausanne und Neuenburg dichterische Erzeugnisse früher als in Genf in den Vordergrund traten. Die litterarische Entwickelung war also in der französischen Schweiz keineswegs eine gleichmässige, und ich kann mich nur Rossels[1]) Urteil anschliessen, wenn er behauptet, dass das geistige Leben der schweizerischen Provinz besonders studiert werden müsse. In der zweiten Hälfte des 18. Jahrhunderts nahm Genf unter den genannten drei Städten wiederum eine eigentümliche Stellung ein. Es war damals das protestantische Rom, in dem der Kirchenrat (consistoire) streng darüber wachte, dass die Vorschriften Calvins beachtet würden.[2])

Dadurch wird es begreiflich, dass J.-J. Rousseau verbannt wurde, und dass Voltaire nur mühsam und auf Umwegen seine Theaterstücke zur Aufführung bringen konnte. Als Wohnsitz dieser beiden

---

[1]) Vgl. Rossel: „Histoire littéraire de la Suisse romande" Bd. II S. 72.
[2]) Vgl. Lady Blennerhasset: „Frau von Staël und ihre Freunde" Bd. I, S. 6 u. 7; Johann von Müller Sämtliche Werke XVI, S. 42. 45.

Dichter schien Genf dazu bestimmt zu sein, die Hauptrolle in der neuen litterarischen Bewegung zu spielen. Hätte es damals schon verstanden, den wahren Wert dieser Männer zu schätzen, so hätte es nicht bis zum Anfang unseres Jahrhunderts zu warten brauchen, ehe es Dichter aufweisen konnte, deren Ruf weit über die Grenzen ihres Vaterlandes hinausreichte, und deren Werke sich in jeder Bibliothek vorfinden. Gleichwohl hat Genf mittelbar die litterarische Bewegung jener Zeit geleitet; denn, wenn es auch nicht in ihrem Mittelpunkt stand, wenn es auch in litterarischer Beziehung von Lausanne und Neuenburg weit überflügelt wurde, so überragt es doch die beiden an wissenschaftlicher Bildung. Es besass eine Reihe Gelehrter, die an seiner Hochschule als Professoren wirkten und einer zahlreichen aus aller Herren Ländern herbeiströmenden Jugend die Ergebnisse ihrer Forschungen darboten. Damals las derselbe Gelehrte zugleich Physik, Naturgeschichte und Philosophie, woraus sich der eigentümliche philosophische Charakter der naturwissenschaftlichen Forschungen jener Zeit erklärt. Sie wurden in so vollendeter Form geboten, dass ihr litterarischer Wert selbst von den Encyklopädisten bewundert wurde, und sie wesentlich dazu beigetragen haben, den Einfluss der romanischen Litteratur in weitere Kreise zu tragen.[1])

In Genf bestanden damals zwei Vereine ohne akademischen oder öffentlichen Charakter, die nur dazu bestimmt waren, Gelehrten Gelegenheit zu bieten, sich zwanglos über philosophische Fragen zu unterhalten. Diese Vereine haben zu verschiedenen Malen versucht, wissenschaftlich-litterarische Zeitschriften ins Leben zu rufen, die jedoch wegen Mangel an Stoff sehr bald eingingen. *Le choix littéraire* (24 Bde.) spiegelt am besten die damalige Richtung einer für Rousseau begeisterten Jugend wieder.[2]) Aber die Wirkung dieser Zeitschrift konnte keine bedeutende sein, weil die Genfer Gelehrten mehr über die Grenzen ihres Vaterlandes hinausblickten, anstatt sich um ihre eigenen Verhältnisse zu kümmern.[3]) Auch liess die wissenschaftliche Richtung, die sie vertraten, Voltaires Einfluss nicht aufkommen, und auch Rousseau, wenn er früher als Voltaire Anerkennung fand, hatte es nur der Begeisterung, die er bei der Jugend entfachte, zu verdanken.[4])

---

[1]) Vgl. Sayous: „*Le dix-huitième siècle à l'étranger*" Bd. I, S. 159; Rossel: Bd. II, S. 150. 168; Godet S. 283; Gaullieur S. 81. 86.

[2]) Vgl. Sayous Bd. II, S. 59.

[3]) Vgl. Sayous Bd. II, S. 60; Gaullieur S. 67; Rossel Bd. II, S. 133; Godet S. 237.

[4]) Vgl. Godet S. 278: „*Les fils de sa pensée et de son génie*", sagt Marc. Monnier, „*remplacent avantageusement pour nous les enfants de Thérèse qu'il eut le grand tort d'abandonner*".

Ganz anders verhält es sich mit der geistigen Entwickelung in Lausanne. Auch hier finden wir zunächst zwei Gesellschaftsgruppen, die als Ausgangspunkte der litterarischen Bewegung anzusehen sind. Die eine bestand aus Aristokraten, die wesentlich politische Interessen verfolgten, die andere aus französischen Professoren und Studenten der theologischen Fakultät, deren Vereinigungen lediglich geselligen Zweck hatten, weshalb auch jungen Damen der Zutritt bereitwillig gewährt wurde.[1]) Ausserdem besass Lausanne eine kleine Colonie ehemaliger Offiziere, die altadligen waadtländischen Familien angehörten und in den verschiedensten Armeen Europas gedient hatten, endlich eine kleine Gruppe von Ausländern, die, weil sie am geselligen Verkehr der Stadt Gefallen fanden, entweder ihren dauernden Wohnsitz in Lausanne aufgeschlagen hatten, oder doch regelmässig zu bestimmten Zeiten wiederzukommen pflegten.

Deshalb fand Voltaire, als er im Jahre 1756 nach Lausanne kam,[2]) für sein Theater nicht nur die geeigneten schauspielerischen Kräfte, sondern auch Zuhörer, die ihrer ganzen Richtung nach für seine Dramen empfänglicher waren als das Genfer Publikum. Aber trotzdem er sich höchst anerkennend über die Einwohner Lausannes äussert,[3]) ist sein Einfluss doch nur ein oberflächlicher geblieben, und er hat eher Schauspieler als Leser der Encyklopädie herangebildet.[4]) Der zwanglose gemütliche Ton, der in Lausanne eingeführt war, begünstigte daher auch die Entwickelung sentimentaler Litteratur.[5]) So erklärt sich der Erfolg des Kränzchens „Académie des eaux", das Susanne Curchod[6]) um sich sammelte, und der bedeutende Einfluss des Vereins „Société littéraire", der von Deyverdun im Jahre 1772 gegründet wurde.[7]) Deyverdun macht sich zuerst durch die Übersetzung des Werther bekannt.[8]) Diese Übersetzung wurde ebenso eifrig gelesen, wie Rousseau's „Héloïse", und trug nicht wenig zur Entwicklung der sentimentalen Richtung bei, deren Anfänge in diese Zeit fallen. Es wurde förmlich Mode, nach Orten zu pilgern, die den Schauplatz der „Nouvelle Héloïse" bildeten, und die eifrige Lektüre der sentimentalen Romane konnte diese Richtung nur noch bestärken.[9]) Frau von Montolien[10]) ist die Hauptvertreterin

---

[1]) Vgl. Blennerhasset, Bd. I, S. 15; Gaullieur S. 96; Vicomte d'Haussonville: „Le salon de Madame Necker" S. 25.
[2]) Vgl. Rossel Bd. II, S. 82.
[3]) Vgl. Sayous Bd. II, S. 82.
[4]) Vgl. Godet S. 243.
[5]) Vgl. Sayous Bd. II. S. 82—83.
[6]) Vgl. Godet S. 308. 313.
[7]) Vgl. Sayous Bd. II, S. 89; Godet S. 323.
[8]) Vgl. Appell „Werther und seine Zeit", S. 6.
[9]) Vgl. Sayous Bd. II, S. 92 u. 93.
[10]) Frau von Montolieu (1751—1832), Tochter des Doyen de Bottens, wurde in Lausanne geboren. Sie verlor in ihrem 24. Jahr ihren Mann

dieser Romangattung gewesen. Sie fand zahlreiche Nachahmer, unter denen ich besonders Samuel de Constant[1]) erwähne.

In Neuenburg kann von einer wissenschaftlichen und litterarischen Bewegung, wie sie in Genf und Lausanne deutlich sichtbar ist, zunächst nicht die Rede sein. Wohl weist die Stadt in der ersten Hälfte des 18. Jahrhunderts hervorragende Namen auf, die auch in weiteren Kreisen guten Klang haben. Osterwald (1663—1747) und Bourget (1678—1742)[2]); der eine bekannt durch seine Bibelbearbeitung und seinen grossen Katechismus, der andere durch Begründung des Schweizer Merkur (1732)[3]) *(Mercure suisse)* und durch seinen Briefwechsel mit den grössten Gelehrten seiner Zeit (Leibnitz und Réaumur). Gegen Mitte des 18. Jahrhunderts sind zwar wiederholt Versuche gemacht worden, ein regeres schöngeistiges Interesse zu bekunden. So wollte man wie in Lausanne Theaterstücke zur Aufführung bringen; sie fanden jedoch, da sie jeglichen Localinteresses bar waren, keine günstige Aufnahme. Selbst Rousseau's vorübergehender Aufenthalt im Jahre 1765 änderte nichts an dieser Sachlage. Ein einziger Mann, Dupeyrou, nimmt sich seiner energisch an und sorgt für die Veröffentlichung des 2. Teiles von Rousseau's „*Bekenntnissen*". Erst mit diesem Dupeyrou, mit Chaillet und später mit Frau von Charrière nimmt das öffentliche Interesse an litterarischen

---

Benjamin de Crousaz und heiratete dann den Baron von Montolieu, einen Auswanderer aus Languedoc. Sie schrieb *Caroline de Lichtfield* 1786. Nach dem Tode ihres zweiten Mannes widmete sie sich der Lektüre und Arbeit. Sie schrieb mehr als hundert Romane. Sayous Bd. II, S. 95—96; Rossel II, S. 277; Godet, S. 319.

[1]) Samuel Constant de la Rebecque ist der Onkel und nicht der Vater Benj. Constant's. Gaullieur S. 277; Sayous Bd. II, S. 96; Blennerhasset Bd. II, S. 293; Faguet *„Revue des deux Mondes, juin 1888"*, S. 599 begehen noch diesen Irrtum. Vgl. Rossel Bd. II, S. 273; Godet 244; Menos S. 4; Constant's Handschriften, *Lettre de Rosalie de Constant à son frère Charles*, die in ihrem Brief vom 28. Oktober 1800 folgenden Artikel aus einer Zeitung abgeschrieben hat: „*On écrit de Genève que Samuel de Constant, oncle du Tribun Benjamin de Constant, vient de mourir, âgé de 71 ans. Il est auteur de quelques romans intitulés „Camille ou lettre de deux filles de ce siècle", „Le Mari sentimental", „les Lettres de Laure", de plusieurs comédies et quelques écrits de morale moins connus. On trouve particulièrement dans Camille et dans Laure un esprit observateur, un style agréable et animé, quoiqu'un peu incorrect, et, ce qui est un mérite plus rare, de l'originalité dans les idées. Il s'était allié par un premier mariage à une famille de Genève, depuis longtemps distinguée dans la littérature et les sciences, celle des citoyens Pictet à qui nous devons l'excellent journal de la Bibliothèque Britannique. Samuel Constant est regretté par ceux qui l'ont connu comme bon citoyen. Zélé pour la liberté et la prospérité de son pays et comme homme d'esprit d'une société piquante et d'un caractère élevé.*

[2]) Vgl. Godet S. 197, S. 176.

[3]) Vgl. Gaullieur S. 35. Diese Zeitung bestand unter verschiedenen Namen bis zum Jahre 1784.

Dingen in Neuenburg zu. Chaillet war ein Schüler Osterwald's. Seine Schriften zeichnen sich durch zierliche Form und lebhafte Ausdrucksweise vortheilhaft aus. Er war ein beliebter Mitarbeiter des „*Journal Helvétique*", das im Jahre 1783—84 an die Stelle des „*Mercure suisse*" unter dem Titel „*Nouveau Journal de littérature de l'Europe et surtout de la Suisse*" getreten war. Chaillet's und Du- peyrou's Namen wären jedoch in meiner Arbeit nicht genannt worden, wenn diese Männer nicht die Bekanntschaft der Frau gemacht hätten, durch deren Einfluss das geistige Leben Neuenburgs einen vollständigen Wandel erfuhr.

Agnès Isabelle Elisabeth de Charrière, eine Tochter des Herrn Thuyll van Zuylen, des Gesandten bei den Generalstaaten, wurde im Jahre 1740 in Utrecht geboren. Bereits in ihrer Jugend zeichnete sie sich durch Liebreiz, Geist und Schönheit aus.[1] Ihre Erziehung wurde einem Fräulein Prévost, einer Genferin, anvertraut. Nach- dem sie die Anträge hervorragender Bewerber ausgeschlagen hatte, heiratete sie in ihrem dreissigsten Jahre Herrn von Charrière, den sie als Erzieher ihrer Brüder kennen gelernt hatte, und dessen geist- volles, aber kaltes und methodisches Wesen sie an Saint-Preux er- innern mochte. Im Jahre 1771 kam sie mit ihrem Mann nach Colombier bei Neuenburg, wo Herr von Charrière ein schönes Land- haus besass. Frau von Charrière fand wenig Gefallen an den Bekannt- schaften, die sie auf ihrem neuen Wohnsitze machte. Sie hatte in Lausanne und Paris gewohnt und dort Eindrücke empfangen, mit denen sich die von Neuenburg nicht entfernt messen konnten. Sie selbst spricht sich folgendermassen darüber aus: „*En fait de littérature hors du Peyrou, qui dicte presque tous les jours à son valet de chambre un billet pour moi, à qui j'écris presque tous les jours, il n'y a per- sonne que je puisse occuper un quart d'heure de suite de ce qui m'in- téresserait le plus vivement . . . . . . Je vous dirai que Colombier est dans ce moment un bien vilain endroit, bien boueux . . . .*"[2] In ihren Briefen schildert Frau von Charrière wiederholt die Eindrücke, die ihre Umgebung auf sie machte, und später findet sie einen an- genehmen Zeitvertreib darin, diese Bemerkungen zu sammeln und in ihren „*Lettres écrites de Lausanne*" und „*Lettres écrites de Neu- châtel*" (1784) zu veröffentlichen. „*Grand orage au bord du Léman et surtout dans les petits bassins d'eau d'à côté*"[3], sagt Sainte Beuve,

[1]) Rossel Bd. II, S. 257: *Très primesautière, très spirituelle et très fine, elle devint un petit être rare dont la franchise, la décision, les caprices plaisaient et surprenaient tout ensemble.*
[2]) Vgl. Gaullieur S. 126.
[3]) Vgl. Sainte-Beuve: „*Portraits de femmes*" Bd. III, S. 389, 391, um das Urteil von Frau von Charrière über ihr eigenes Buch kennen zu lernen.

um die Wirkung dieser Briefe zu schildern. Jedenfalls zeichnen sich beide Sammlungen nicht nur durch die darin niedergelegte tiefe Erkenntnis des menschlichen Herzens und seiner Leidenschaften, sondern auch durch die Sicherheit und Klarheit aus, mit der Frau von Charrière ihre Beobachtungen darstellt. Aber diese unleugbaren Vorzüge erweckten ihr auch zahlreiche Gegner. Es entspann sich ein lebhafter Streit, in dessen Verlauf Frau von Charrière ihren Anfechtern kühn die Stirn bot und einen Kreis von Anhängern um sich scharte.[1]) Sie liess sich durch die Angriffe ihrer Gegner in keiner Weise einschüchtern. Damals schrieb sie den kleinen Roman *Caliste*,[2]) der später das Vorbild wurde für die *Corinne* der Frau von Staël. Das Buch enthält eine geistreiche Beschreibung und tief empfundene Schilderung der Qualen eines weiblichen Gemüts, das den Standesvorurteilen geopfert wird. Insofern als die Heldin einsam und schweigsam duldet, hat sie Ähnlichkeit mit der Verfasserin selbst, die gleichfalls die bittersten Enttäuschungen schweigsam ertrug. Ihre späteren Romane „*Mistriss Henley*" und „*le Mari sentimental*" erregten noch grösseres Aufsehen und erfuhren scharfe satirische Beurtheilungen, auf welche die Verfasserin mit dem „*Portrait de l'auteur des lettres de mistriss Henley fait par elle-même*" antwortete.

Diese Erwiderung ist zur Beurteilung der Frau von Charrière äusserst wichtig; denn obwohl sie nicht mehr als fünf Seiten (Gaullieur 146—152) umfasst, wirft sie doch scharfe Schlaglichter auf den Charakter und die Gesinnung derselben, besonders aber ist das Dokument zur Beurteilung der späteren Beziehungen Benj. Constant's zu Frau von Charrière[3]): *Compatissante par tempérament, libérale et généreuse par penchant, Zélinde n'est bonne que par principe . . . . . . Elle a eu de la vanité; mais le mépris et la connaissance des hommes l'ont corrigée . . . . . Tendre à l'excès et non moins délicate, elle ne peut être heureuse par amour ni sans amour. L'amitié eut-elle jamais un temple plus saint,*

---

[1]) Gaullieur sagt darüber S. 135: „*Bientôt ce cercle forma école. Pour la hardiesse des pensées, pour la manière d'écrire, il se distingua de tous les alentours. C'est dans ce sens que l'influence de Mme. de Charrière a été grande dans la Suisse française. Elle a joué un vrai rôle de réformateur.* (Vgl. noch Sainte-Beuve, préface de Caliste 1845.)

[2]) Vgl. Gaullieur, S. 128: „*Les lettres de Lausanne parurent en 1783 sous la rubrique de Toulouse. Il n'y avait d'abord qu'une première partie et la seconde, l'histoire de Caliste, ne fut publiée que dans une seconde édition, 1788. Lettres neuchâteloises 1784.*" Godet, S. 357, sagt von diesem Buche: „*S'il n'existait pas, il manquerait une perle à la littérature française.*"

[3]) Vgl. Gaullieur S. 146 ff.

plus digne d'elle, que le cœur de Zélinde! .... *L'imagination
de Zélinde sait être riante, même quand son cœur est affligé. Ses
sensations trop vives et trop fortes pour sa machine, une activité
excessive qui manquent d'objets satisfaisants, voilà la source de tous
ses maux."* Vergleicht man Frau von Charrière mit ihren Zeitgenossen, so wird man wohlthuend davon berührt, dass sie sich von
dem Einfluss der neuen *Héloïse*, der in den phrasenreichen und
deklamatorischen Werken der Frau von Montolieu vorherrscht, ganz
freigehalten hat. Frau von Charrière vermeidet durchweg den
salbungsvollen Ton Rousseau's; sie bleibt überall einfach und natür-
lich. Ihre feine Beobachtungsgabe zeigt sich auf Schritt und Tritt,
gleichviel ob sie über Politik, über Litteratur, über Rousseau oder
sonst etwas spricht.[1]) Man darf sich nicht wundern, dass der Einfluss dieser geistreichen Frau bald ein sehr bedeutender und all-
gemeiner wurde. Zu den schönsten Stunden in *Colombier* dürften
diejenigen zählen, die sie in Benjamin Constant's Gesellschaft ver-
lebte, der in ihr nicht nur eine treue, selbstlose und nachsichtige
Freundin, sondern auch eine ebenso geist- und gemütvolle, wie
verständnisinnige Zuhörerin und Beraterin fand. Auch auf Frau
von Charrière wirkte die Gesellschaft des geistvollen und vielseitigen
jungen Mannes sicherlich höchst anregend, und da sich in ihrer
Person gründliches Wissen und tiefe Empfindung mit Witz und
Verstand verbanden, so konnte der Verkehr mit ihr auch für
Benjamin Constant nicht ohne tiefen Einfluss bleiben. Sie hat auf
seinen Geist und seine Charakterbildung auch später noch bestimmend
eingewirkt, namentlich während seines Aufenthalts am Braun-
schweiger Hofe.

Ich habe versucht, im Vorstehenden einen kurzen Überblick
der Bedingungen zu geben, unter deren unmittelbarem Einfluss die
Jugend der beiden Autoren stand, die sich später in hervorragender
Weise an der Entwickelung der französischen Litteratur während
der Revolutionszeit beteiligen sollten. Wenn Frau von Staël durch
ihre persönlichen Verhältnisse den wissenschaftlichen Bestrebungen,
wie sie sich in Genf entfalteten, näher stand als Benjamin Constant,
so wurden diesem die in der französischen Schweiz herrschenden
Ideen durch Frau von Charrière vermittelt. Im weitern Verlaufe
meiner Untersuchung werde ich mich bemühen nachzuweisen, wie
weit Frau von Staël ihrerseits auf Benj. Constant gewirkt hat.

---

[1]) Vgl. Godet, S. 361. Rossel, Bd. II, S. 272.

Kapitel 2.
Die Neue Héloïse, Werther, Obermann, René.

Bevor ich über Adolphe spreche, möchte ich zur bessern Charakterisierung des Romans kurz seiner Vorgänger Erwähnung thun. Wie bereits im ersten Kapitel ausgeführt worden ist, wurde die sentimentale Richtung in Lausanne hauptsächlich durch die Neue Héloïse und Werther eingeführt. Beide Werke bringen die Geistes- und Geschmacksrichtung ihrer Zeit zum Ausdruck. Das 18. Jahrhundert hatte mit seiner rationalistischen Weltanschauung die Gemüter verhärtet. Die lyrische Muse war fast verstummt. Es gab keinen bedeutenden Vertreter für Ergüsse idealer Liebe. Eine Änderung ist in dieser Beziehung erst durch englische Einflüsse[1]) eingetreten, die einen überaus günstigen Boden fanden, denn alle Herzen schienen von fast krankhafter Sehnsucht nach einem Dichter erfüllt zu sein, der imstande wäre, den nur dunkel empfundenen Regungen des Gemütes entsprechenden Ausdruck zu geben. Unter den Franzosen ist Jean-Jacques Rousseau der erste, der selbständig diesen Drang poetisch befriedigt.[2]) Dem Zwecke dieser Arbeit entsprechend beschränke ich mich darauf nachzuweisen, in welcher Richtung seine neue Héloïse diesen Einfluss übt.[3]) Zunächst durch die kräftig hervortretende Gefühlsrichtung, sodann durch lebhafte Empfindung für die Natur und ihre Schönheiten und endlich durch scharf ausgeprägte Darstellung der eigenen Individualität erwärmte und begeisterte Rousseau zur Liebe zur Natur. Dem kalt berechnenden Verstande stellt er die warme Gefühlsinnigkeit gegenüber und findet auf diese Weise immer neue Quellen der Poesie im menschlichen Herzen und in der menschlichen Phantasie.

Der Held des Romans, Saint-Preux, ist eine durchaus eigentümliche Schöpfung und zugleich ein getreues Spiegelbild des innersten Lebens und Empfindens des Verfassers selbst. Bei Abfassung seines Romans kannte Rousseau weder ideale Liebe noch Freundschaft; sie sind ihm stets Probleme geblieben, denen er träumerisch nachgrübelt[4]), die er aber nie begriffen hat. Daraus erklärt sich die phantastische Art des ganzen Romans und der Mangel an Natürlichkeit im Charakter von Saint-Preux und Claire. Besondere Beachtung verdient in dieser Beziehung der erste Teil des Romanes; die Liebesergüsse von Saint-Preux, seine Verbannung, der Kuss im Wäldchen und seine von Glut erfüllten Briefe sind eigentümlich und unverständlich. Saint-Preux zeigt die innere Zerrissenheit, Empfindlichkeit und Mutlosig-

---

[1]) Vgl. E. Schmidt S. 79. 80.
[2]) Vgl. Lotheisen S. 10; Faguet XVIIIᵉ siècle S. 370.
[3]) Vgl. Pélissier S. 18. 19.
[4]) Faguet XVIIIᵉ siècle S. 363.

keit eines Mannes, der nicht imstande ist, der Geliebten ein sorgloses Dasein zu bieten; zugleich aber soll er Rousseau's Ideal vom Lehrer verkörpern. Als Julie ihm schreibt, dass sie Herrn von Wolmar geheiratet habe[1]), will er sich voll Verzweiflung das Leben nehmen, aber der tröstende Zuspruch Lord Edouard's genügt, um ihn von diesem Entschluss abzubringen; ein neuer Beweis für seine Unentschlossenheit und seine Charakterlosigkeit. So schwankt er hin und her, ohne jemals zu einem festen Entschluss gelangen zu können, der als Bethätigung seiner Gefühle aufgefasst werden könnte, und wird dadurch der Vorläufer eines Werther, eines Léonce, eines Oswald, eines René, eines Obermann, eines Adolphe. Was ihn von allen diesen unterscheidet, ist seine Abstammung aus ärmlichen Verhältnissen[2]) und die daraus sich ergebende Notwendigkeit, als Hauslehrer seinen Lebensunterhalt zu verdienen; dagegen steht er mit ihnen auf völlig gleicher Stufe in Bezug auf seine Menschenscheu und seine skeptische und pessimistische Lebensanschauung.[3])

Die neue Héloïse ist im Jahre 1761[4]) in Deutschland bekannt geworden. Der Ruf des Romans verbreitete sich sehr schnell. Man kann fast behaupten, dass die wesentlich hervortretenden Charakterzüge von Saint-Preux sich im jungen Werther wiederfinden[5]), aber obgleich Goethe Form und Grundgedanken der neuen Héloïse nachgeahmt hat, ist er doch in der Ausführung seines Werther durchaus selbständig und schöpferisch geblieben. Wenn man bei Saint-Preux den Einfluss des Plutarch fühlt, so ist bei Werther der Einfluss Homers und der ossianischen Lieder unverkennbar. „Mon maître et consolateur Plutarque", sagt Rousseau in einer Zuschrift an Frau von Epinay (Mémoire II, 179)[6]), und in der neuen Héloïse

---

[1]) Nouvelle Héloïse, Partie III, Lettre XX.
[2]) Revue des deux Mondes, Janv. 1888; Brunetière: „Litt. pers.", S. 443. Si je voulais définir d'un mot J. J. Rousseau tout entier, je dirais qu'il me représente à lui seul l'invasion du plébéien dans la littérature. Serge von Abel Hermann (Paris. November 1891) hat seinen Helden aus demselben Kreise wie Saint-Preux genommen.
[3]) Wenn ich den Ausdruck Skepticismus für Rousseaus Theorie anwende, meine ich damit, dass Rousseau, der in seiner Meinung immer verschlossen geblieben ist und sein ganzes Leben lang denselben Ideen nachgegrübelt hat, insofern ein Skeptiker war, als er fortwährend bemüht blieb, allen Gebieten des Denkens und Forschens eine seinem Standpunkt entsprechende Richtung zu geben. Pessimist ist er auch, weil er immer die Gesellschaft für schlechter gehalten hat, als sie wirklich war. Vgl. dazu Faguet, XVIIIᵉ siècle S. 331. 333. 338. 345.
[4]) Die neue Héloïse erschien in Frankreich im Jahre 1759.
[5]) Vgl. Godet S. 278. „Werther, ce fils de Rousseau, eût-il vu le jour sans la Nouvelle Héloïse". E. Schmidt S. 122. 123. „Der Triumph der Empfindsamkeit", erschienen 1778. (Goethes Werke, hergeg. v. H. Kurz, Bd. V, S. 197.)
[6]) Vgl. E. Schmidt S. 215. 216.

wird der Name dieses Schriftstellers von Julie sehr häufig genannt;
dagegen ist Goethes Lieblingsschriftsteller in Strassburg Homer
(E. Schmidt, S. 222). Er erwähnt ihn wiederholt in seinen Schriften,
und sein Werther antwortet auf die Frage, ob man ihm Bücher
nachschicken solle: „Lieber, ich bitte dich um Gotteswillen, lass mir
sie vom Hals! Ich will nicht mehr geleitet, ermuntert, angefeuert
sein, braust dieses Herz doch genug aus sich selbst; ich
brauche Wiegengesang, und den habe ich in seiner Fülle gefunden
in meinem Homer." [1]) Diese Worte; „Braust dieses Herz doch genug
aus sich selbst" .... und Saint-Preux's Ausruf: „*Ah! Julie, notre
coeur nous en dit plus qu'eux, et le langage imité des livres est bien
froid pour quiconque est passionné lui-même*......" [2]) zeigen deutlich
die Übereinstimmung und die Verschiedenheit der Empfinduug beider
Schriftsteller. Goethes leidenschaftlich erregtes Gemüt findet in den
einfachen Natur- und Charakterschilderungen des griechischen Dichters,
in dem Zorn des Achilleus, in der Leidenschaft des Paris, in der
Treue der Penelope Gefühle, in welchen seine Stimmung sich wieder-
spiegelt, während Rousseau jedes Buch zu kalt findet, um seiner
leidenschaftlichen Erregung zu genügen. Es erhellt daraus, dass
Werther weniger Philosoph als Saint-Preux ist, nur für Natur und
Liebe schwärmt und viel subjektiver denkt als jener. Seine leidenschaftliche Liebe zu Lotte erscheint menschlicher und natürlicher
als die des Saint-Preux zur Julie und ist uns deshalb leichter verständlich. Werther steht allein im Vordergrunde des Romans, mag
er dem vertrauten Freunde sein innerstes Gefühl offenbaren, oder
es der Geliebten in leidenschaftlichen Worten aussprechen, nie wird
sein Verhältnis zu Lotte weder durch eine Antwort derselben, noch
sonst in anderer Weise beleuchtet; während in der neuen Héloïse
sowohl die Herzensergüsse Saint-Preux's als auch der Gefühlsaus-
tausch zwischen Julie und Claire und die Ratschläge von Lord
Édouard wesentlich dazu beitragen, Schritt für Schritt die verschiedenen Phasen dieser Liebe zu schildern und zu erklären. Auch
gipfelt die Handlung nicht im Untergange Saint-Preux's, sondern in
dem Claire's, die bei Rettung ihres Kindes stirbt und dadurch den
Fehltritt büsst, den sie vor ihrer Verheiratung begangen hat
während Werther allein schuldig ist und auch allein die Strafe
trägt. Es finden sich auch äusserliche Unterschiede in der Liebesleidenschaft beider Helden. Saint-Preux's Liebe wird erwidert, sein
Verhältnis zu Julie nimmt nur infolge des Standesunterschiedes ein
tragisches Ende. Werther's Liebe dagegen bleibt fast unerwidert.
Bei Saint-Preux kühlt sich die Leidenschaft gegen das Ende des

---

[1]) Werther, Brief vom 13. Mai (Goethes Werke Bd. VI, S. 9).
[2]) Rousseau: „*Nouvelle Héloïse*", S. 154. (Ed. Lahure Paris 1856.)

Romans mehr und mehr ab, bei Werther steigert sie sich bis zum Wahnsinn.[1]) Bei Saint-Preux genügen die kühlen Ermahnungen seines Freundes, um seine Absicht, sich zu töten, zu verhindern, während bei Werther immer schärfer und schärfer hervortretende Todesahnungen den Leser gleich einer immer düsterer werdenden, Unheil kündenden Wolke auf den tragischen Ausgang vorbereiten und ihn schliesslich ganz unvermeidlich erscheinen lassen. Aus jeder Zeile des Buches ertönt die leidenschaftliche Klage nach der verlorenen Seelenruhe. Als Werther sicher ist, dass er die Geliebte zum letzten Male gesehen hat, vermag er ein Dasein nicht länger zu ertragen, dessen einziger Inhalt die Geliebte war. Zwar kämpft er mannhaft:[2]) „Und wie sie mich auf dem Wege schalt über den zu warmen Anteil an allem, und dass ich drüber zu Grunde gehen würde! dass ich mich schonen sollte! O der Engel! um deinetwillen muss ich leben." Aber alle seine Standhaftigkeit verlässt ihn, nachdem sein Schicksal entschieden ist.[3]) „Wilhelm! die einsame Wohnung einer Zelle, das härene Gewand und der Stachelgürtel wären Labsale, nach denen meine Seele schmachtet. Adieu, ich sehe dieses Elends kein Ende als das Grab."[4])

Durch seine Romane schuf Goethe den Typus des durch unglückliche Liebe zu Grunde gehenden Jünglings und damit das Vorbild für alle späteren Nachahmer Rousseau's. Sie werden in der Schilderung ihrer Leidenschaft nur die Subjektivität behalten. Die Quellen ihrer Seelenschmerzen können andere sein, und bei ihnen wird mehr und mehr ihre traurige Klage in Schwermut wie in René oder in Pessimismus wie in Obermann ausarten. Aber weder René noch Obermann töten sich, sondern versuchen Trost und Linderung zu finden; der eine in der Einsamkeit der unendlichen Prärien Amerikas,[5]) der andere inmitten der gewaltigen Alpenwelt.[6])

Obermann, von Senancourt im Jahre 1804 veröffentlicht, ist gleichfalls eine Art Selbstbiographie in Briefen, die an einen Freund

---

[1]) Vgl. E. Schmidt, S. 158—159.
[2]) Werther (Goethe Bd. VI, S. 30).
[3]) Werther (Goethe Bd. VI, S. 48).
[4]) Der Leser wolle nicht übersehen, dass es sich für mich nur um die Beziehungen handelt, die zwischen Adolphe und der neuen Héloïse bestehen. Der Tendenz- und Lehrroman gehört nicht in das Bereich meiner Besprechung.
[5]) Vgl. Mager, Bd. II, S. 64.
[6]) Foscolo's Jacopo Ortis, der italienische Werther, zeigt uns die allgemeine Richtung dieser Zeit. „Il romanzo dell' Ortis offre la storia d'un giovane il quale, mentre anela alla vendetta della patria oppressa, innamora d'una donna obligata ad un altro; e, lasciandosi vincere alla violenza della passione, e subito disperando d'ogni altro conforto, poichè l'ha irrevocabilmente perduta, si uccide". (Siehe Intorno alle ultime lettere di Jacopo Ortis. S. 1.)

gerichtet sind. Doch spricht aus diesen Briefen weniger enttäuschte
Liebe als Schwermut und Pessimismus. Nicht glühende Leidenschaft wie
bei Werther, sondern nur Lebensüberdruss spricht aus jedem Worte,
nur hie und da deutet eine Stelle darauf hin, dass unglückliche
Liebe mit an dieser Grundstimmung schuld sein könnte. Der grösste
und dauerndste Werth dieses Buches, besteht in seiner psychologischen
Richtung.[1]) Bei Werther haben wir die unterdrückte Leidenschaft,
den aussichtslosen Kampf des Mannes gegen die Macht der That-
sachen, bei René das Bewusstsein hoher Bestimmung ohne die nötige
Willenskraft, sich zu bethätigen, bei Obermann endlich die hohe
geistige Begabung, die aber, da ihrem Besitzer jedes religiöse
Bewusstsein fehlt, nur zu Selbstquälerei und innerer Zerrissenheit führt.

Die Briefe Obermann's bilden keinen Roman, sie enthalten
keine Handlung, sie haben weder Verwickelung noch Lösung. Sie
schildern ein verlorenes Dasein, das in der wilden Einsamkeit nach
Ruhe und Frieden ringt. Unmittelbar nach seiner Abreise von Lyon
finden wir Obermann als ausgesprochenen Menschenfeind. Trotz
seiner Jugend lebt er als Einsiedler und vor der Zeit gealterter
Mensch.[2]) Je länger man liest, desto mehr fühlt man, dass dieses
zerrissene Gemüt im Verkehr mit der unverfälschten Natur sich
erholen kann. In der That wird ihr wohlthätiger Einfluss bald
fühlbar. Die Stellen erinnern an J. J. Rousseau, wo er sein neues
Heim am Genfer See schildert und sich dem Ackerbau widmet.[3])
Auch stellt Obermann eine Theorie seiner philosophischen und religiösen Überzeugungen auf. Er lebt in einer empfindsamen Stimmung
und liebt nur die Natur: „*Je n'aime, il est vrai, que la nature*".[4])
Dieses lebendige Naturgefühl macht ihm nicht nur die Einsamkeit
erträglich, sondern vermindert auch nach und nach seine Menschenscheu, so dass er gegen das Ende des Buches einige Freundschaft für
Fonsalbe fühlt, der ebenso wie er empfindet,[5]) und dieses Gefühl beherrscht den Rest seines Lebens. Auf dem Lande will er es zu-
bringen und dort sterben.[6]) „*Si j'arrive à la vieillesse, si un jour,*

---

[1]) Vgl. Obermann, *Préface par George Sand*, S. 2, 4: *Obermann,
c'est la rêverie dans l'impuissance, la perpétuité du désir ébauché.*
[2]) Obermann. S. 24: „*Je demandai aux hommes, s'ils sentaient comme
moi, je demandai aux choses, si elles étaient selon mes penchants, et je vis
qu'il n'y avait point d'accord ni entre moi, ni entre la société, ni entre
mes besoins, ni les choses qu'elle a faites. Pourquoi la terre est-elle aussi
désenchantée à mes yeux. Je ne connais point la satiété, je trouve partout
le vide.*"
[3]) Vgl. Obermann, S. 262, 269, 270—320.
[4]) Vgl. Obermann, S. 40.
[5]) Vgl. Obermann, S. 394.
[6]) Vgl. Obermann, S. 425.

plein de pensées encore, mais renonçant à parler aux hommes, j'ai au-
près de moi un ami pour recevoir mes adieux à la terre; qu'on place
ma chaise sur l'herbe courte, et que de tranquilles marguerites soient
là devant moi, sous le soleil, sous le ciel immense, afin que laissant
la vie qui passe, je retrouve quelque chose d'illusion infinie."
Vergleicht man den Inhalt der Lebensschicksale Obermanns
mit denen des Verfassers, so drängt sich uns unwillkürlich die Überzeugung auf, dass Obermann in der Hauptsache eine Selbstbiographie
ist. Unmittelbar nachdem Senancourt die Schule *(Collège de la*
Marche) verlassen hat, sollte er nach dem Wunsch seines Vaters in
die Jesuitenschule (1789) eintreten. Da er bereits vollkommen
Atheist ist, zieht Senancourt vor, aus dem Vaterhause zu fliehen.
Er findet eine Zuflucht in der Schweiz und verlebt dort eine freuden-
lose Jugend. Im Verkehr mit einfachen Naturmenschen weicht sein
Trübsinn allmählich, und nach längerem Aufenthalt im Canton
Freiburg heiratet er die Tochter seines Wirtes, mehr weil ihre
treue Neigung ihn rührt, als weil er selbst solche für sie empfindet.
Mit diesem Abschnitt seines Lebens, der in der Episode seines
Freundes Fonsalbe geschildert wird, schliesst das Buch und lässt in
keiner Weise das traurige Schicksal durchblicken, das dem Verfasser
später beschieden ist. In seiner Schilderung der Natur erinnert
Senancourt lebhaft an Rousseau, in seiner Menschenscheu an Werther.
Ich musste deshalb dieses wenig gelesene Buch mit unter den Vor-
läufern Adolphe's anführen; zu seiner Charakterisierung verweise ich
auf Sainte-Beuve's Bemerkung.[1]

René hat in Frankreich fast dieselbe Rolle gespielt, wie
Werther in Deutschland. Die Schicksale des Helden sind für jeder-
mann verständlich, ihr Grundzug bleibt unglückliche Liebe. Dagegen
kränkelt Obermann an einem Lebensüberdruss, der den meisten
Lesern unverständlich bleiben muss, wenn er nicht geradezu ab-
stossend wirkt.[2] Werther endlich muss sowohl durch seine persönliche Gesinnung, als auch durch seine heisse Liebesleidenschaft alle
Herzen rühren. Obermann entbehrt jedes Zaubers. René entspricht
wesentlich dem Zug seiner Zeit.[3] Werther hat mit Obermann nur
die Form gemeinschaftlich, inhaltlich weichen beide Werke durchaus
von einander ab. Auch René unterscheidet sich wesentlich von
Werther, sowohl in der Anlage, wie in der Darstellung. René
beichtet gewissermassen seinem Pflegevater Chactas, aus welchem
Grunde er nach Amerika geflohen ist. Die Handlung vollzieht sich
also nicht wie bei Werther vor den Augen des Lesers, sondern das
Ganze bildet eine Art Rückwärtsschauen der Betrachtung, und ver-

---

[1] Vgl. Sainte-Beuve: „*Portraits contemporains.*" Bd. I, S. 174. 177.
[2] Vgl. Pélissier: „*Le Mouvement littéraire au XIXe. siècle.*" S. 57.
[3] Vgl. Nisard: „*Litt. française*", Bd. IV. S. 496; Mager, Bd. II, S. 65.

liert dadurch an Ursprünglichkeit. Auch flieht René, nicht um der
eigenen unbezähmbaren Leidenschaft willen, sondern aus Kummer
darüber, dass er die Neigung seiner Schwester verkannt und sie
deshalb ungerecht beurteilt hat. Ein solcher Inhalt kann unmöglich
so unmittelbar packend sein, wie die von heissester Liebesglut einge-
gebenen Herzensergüsse Werthers. Trotzdem wecken seine schwer-
mütigen Rückblicke in aller Brust lebhafte Teilnahme, weil sie überaus harmonisch mit Schilderungen der Natur verwoben, und gleichsam
mit ihnen verwachsen sind. Man kann in gewissem Sinne sagen,
dass Werther sich zu Saint-Preux so verhält, wie René zu
Obermann: denn René und Obermann können als Typen der
Schwermut und des Lebensüberdrusses gelten, während Werther und
Héloïse die Qualen der unglücklichen Liebe schildern. In Adolphe
begegnen sich beide Gefühle, denn der unglücklich Liebende ist zugleich ein von allen Genüssen des Daseins übersättigter Mensch.
Indem B. Constant sich bemüht, den innern Widerspruch beider Gefühle wahrscheinlich zu machen, schafft er ein Werk,[1] das in der
Darstellung und Zergliederung der Gefühle wesentlich zur Entwickelung des psychologischen Romans beigetragen hat und deshalb
an die Spitze der ganzen Richtung zu stellen ist.

II. Teil.

Kapitel 1.
Benjamin Constant und Frau von Charrière.

Ein berühmter Kritiker hat behauptet, dass zum wahren Verständnis eines Werkes eine genaue Kenntnis der persönlichen Verhältnisse des Verfassers unerlässlich sei. Dieses Urteil, welches
schon im allgemeinen sich als zutreffend erweist, dürfte doppelt
richtig sein, sobald es auf den Verfasser eines analytischen Romans
angewendet wird, der im wesentlichen Stimmungen und Empfindungen
behandelt, die wie bei dem lyrischen Dichter von ihm selbst erlebt
und empfunden sein müssen, wenn sie nicht aller Lebenswahrheit
und damit alles litterarischen Wertes entbehren sollen. Es bedarf
also zum Verständnis des Hauptwerkes von Benj. Constant einer
eingehenden Kenntnis seines an Wechselfällen reichen, unstäten
Lebens. Offenbar deckt sich in den Grundzügen der Held des
Romans mit der Person seines Verfassers. Wenn man zunächst das

---

[1] Vgl. Paul Bourget: „Livre du centenaire du Journal des Débats.“
Godet, S. 424.

Buch mit den Bekenntnissen J.-J. Rousseaus vergleicht, wobei die
offenbare Tendenz beider Werke uns die Annahme aufdrängt, dass
dieselben zu Gunsten des Verfassers veröffentlicht worden sind, so
wird man nicht umhin können, Adolphe den Vorzug einzuräumen,
nicht nur wegen der grösseren Einheit der Darstellung und des
lebhafteren Interesses, das der Geliebte Ellénore's einflösst, sondern
auch vor allem deshalb, weil Constant uns alles Verletzende er-
spart und es gleichwohl verstanden hat, in glühenden Farben die
Qual und Pein zu schildern, die das Unglück seines Lebens aus-
macht.[1])

Rousseau, Werther, Obermann, René schildern uns jeder in
seiner Weise die Empfindungen ihres Herzens, aber keiner von ihnen
forscht nach den Gründen seiner Leiden, keiner von ihnen zeigt
Reue über seine Fehler, jeder schildert seine Qualen, aber keiner
spricht von den Kämpfen, die er durchgemacht hat, um seine Leidenschaft zu ersticken, und sich aus seiner unheilvollen Lage zu be-
freien. Nie fragt Werther danach, ob seine Liebe zu Lotte be-
rechtigt ist oder nicht, nie quält ihn der Gedanke an die Leiden,
die er der Geliebten bereitet, nicht einmal in dem Augenblicke, da
er zur Pistole greift, gedenkt er des unheimlichen Eindruckes, den
sein Selbstmord hervorrufen muss. Wenn bei René und Obermann
diese Rücksicht auf die Geliebte durch den Inhalt selbst ausgeschlossen ist, so gleichen sie doch Werther insofern, als keiner von
ihnen den Versuch macht, die Gefühle zu zergliedern, unter deren
Eindruck er handelt. Indem Adolphe sich nicht damit begnügt,
den Leser in seine Gefühle einzuweihen, sondern fortwährend be-
strebt ist, sich selbst Rechenschaft über sie abzulegen, unterscheidet
er sich also wesentlich von seinen sämtlichen Vorgängern, und wird
zum Schöpfer einer neuen Kunstgattung, die seinem Namen für alle
Zeiten eine hervorragende Rolle in der Geschichte des französischen
Romans sichert.

Aus B. Constants Briefen, die er an seine Familie und an Frau
von Charrière richtet, sowie aus einzelnen Stellen seines Tagebuches
lässt sich deutlich erkennen, dass zwei verschiedene Einflüsse bestimmend auf sein Leben gewirkt haben. Diese Einflüsse lassen sich

---

[1]) Constant's Handschriften, (Lettre de Rosalie de Constant à son
frère, le 5 juillet 1816): „*Je viens vite de lire à ma tante la préface d'Adolphe
qui me rappelle tout à fait l'esprit et la manière de mon père. J'aime autant
croire l'histoire qu'il fait de son inconnu que d'y chercher la sienne, quoique je sois bien sûre qu'elle y est. Il faut prendre les choses comme on
nous les donne. Connaissant ta sévérité sur les livres en général et sur
l'auteur en particulier, je ne porte encore aucun jugement ..... Quand
on fait de son histoire un roman, c'est sans doute pour s'expliquer et se
justifier. C'est un facteur en sa faveur; je ne dirai pas que j'aime cet
appel au public.*

auch deutlich in „Adolphe" nachweisen. Indem man an der Hand
der Briefe und des Tagebuches von B. Constant den Wechselfällen
seines Lebens nachforscht, begreift man, dass sich so zahlreiche un-
gelöste Rätsel im Charakter Adolphe's finden, dessen Geschichte zugleich die Geschichte vieler Menschenherzen ist, wie der Verfasser
in seiner Vorrede mit Recht behauptet: „*Tel a été le portrait
que j'ai voulu tracer dans Adolphe. Je ne sais si j'ai réussi, ce qui
me ferait croire au moins à un certain mérite, c'est que presque tous
ceux de mes lecteurs que j'ai rencontrés m'ont parlé d'eux-mêmes comme
ayant été dans la position de mon héros.*" [1]   Der chronologischen
Ordnung folgend werde ich zuerst die Erziehung B. Constant's
und sodann seinen Verkehr mit Frau von Charrière eingehend
behandeln.

B. Constant wurde am 25. October 1767 in Lausanne geboren. Sein Vater Juste Constant de la Rebecque war Oberst eines
Schweizerregiments in holländischen Diensten.   B. Constant's Geburt
kostete seiner Mutter das Leben, und die Erziehung des so früh
verwaisten Kindes wurde zunächst einem Hauslehrer anvertraut.
Der gut beanlagte Knabe scheint schon sehr früh grosse Reisen
gemacht und deshalb auch früh am gesellschaftlichen Verkehr teil-
genommen zu haben.   Hier mag der erste Keim zur Spielsucht, die
später so unheilvoll für ihn wurde, in ihn gelegt worden sein. Die
Briefe, welche der zehnjährige Constant aus Holland an seine Gross-
mutter, die Generalin von Chandieu, schreibt, zeugen bereits von
dem lebhaften Sinne und der übersprudelnden Zärtlichkeit seines
Herzens.   Wir wissen von der Frau, an die diese Briefe gerichtet
sind, wenig mehr, als dass sie bei Lausanne eine schöne Villa be-
wohnte und mit zärtlicher Liebe an ihrem Enkel hing.[2]
    Die Lebensschicksale des Jünglings lassen sich nicht genau
aus seinem Briefwechsel darstellen; soviel ist aber sicher, dass er
das Carolinum in Braunschweig besuchte und später an den Univer-
sitäten Oxford, Erlangen, Edinburg, Göttingen studierte. „Frühzeitig",
sagt Lady Blennerhasset[3] über diese Periode, „und kaum dem Knaben-

---

[1] „Adolphe" Vorrede S. 4.
[2] Vgl. Menos S. 11. S. 81. Brief vom 24. Dec. 1777 S. 83, Brief
vom 17. August 1779. Constant's Handschriften (Rosalie à Charles den
29. Dec. 1815). „*Benjamin dès sa première enfance était brillant par les
réparties. Il écrivait en vers et en prose à tort et à travers. J'ai des
lettres de lui à ma grand' mère à l'âge de 10 à 12 ans qui sont étonnantes,
avec une bonne et solide éducation tout cela aurait mieux tourné pour son
bonheur. Cela prouve la force d'une bonne éducation, car son esprit lui
montre toujours ce qu'il y a de mieux à faire; mais la forme qu'a pris le
caractère l'entraîne.*"
[3] Vgl. Lady Blennerhasset Bd. II, S. 190. „Adolphe" S. 25. Er
selbst bekennt sich zu diesem Betragen, wenn er sagt: „*J'avais, dans la*

alter entwachsen, beschäftigen ihn auch schon die Frauen, und von
dieser Zeit an blieb er von einem Bedürfnis nach Aufregung erfasst,
das alle wahre Empfindung zugleich ersetzte und abnützte und ihn
stets in neue, nicht immer gefahrlose und jedes sittliche Gefühl tief
schädigende Abenteuer verwickelte." Später, im Jahre 1785, ging
er nach Paris und lernte im Hause von Necker Frau von Charrière
kennen, die sich um diese Zeit auf Besuch dort aufhielt. Bereits
damals beherrschten ihn Zweifel und Vergnügungssucht; er besuchte
die Vorlesungen von Laharpe und verkehrte viel mit Philosophen.
Der Name der Frau von Charrière war ihm durchaus nicht unbekannt,
und als Holländerin hatte auch sie früher die Familie Constant
kennen gelernt, so dass der vertrauliche Verkehr, der sich zwischen
ihm und ihr herausbildete, schon in dieser Zeit begann. Während
dieses Aufenthaltes in Paris fängt B. Constant sein Buch über
Religion an, an dem er während seines ganzen Lebens gearbeitet
hat. Die Gedanken dazu pflegte er auf der Rückseite von Karton-
blättern zu notieren, und sie dann wie beim Spiel zu mischen und
wieder zu ordnen. Sein Vater billigte seine Lebensweise nicht und
drang darauf, dass er sich eine dauernde Stellung sucht, und, da
auch sonst die Gefühle von Vater und Sohn keineswegs überein-
stimmten, so entwickelte sich schon in dieser Zeit die tiefe Verstimmung, die er in „Adolphe" schildert.[1])

   Im Jahre 1787 beginnt der Briefwechsel mit Frau von Charrière,
der 8 Jahre lang, bis 1795, regelmässig fortgesetzt wurde und sich
in drei Perioden teilen lässt, je nachdem sich B. Constant in England,
in Deutschland oder in der Schweiz aufhält. Der erste Brief ist
von Dover vom 26. Juni datiert. Der zwanzigjährige Verfasser
befindet sich in der Sturm- und Drangperiode seines Lebens. Aus
Kummer über Frau von Charrière's Abreise, und um sich dem
Drängen seines Vaters zu entziehen, verliess er am Sonnabend vorher
Paris und schiffte sich ohne Geld, ohne Kleider nach England ein.
Gleich einem Handwerksburschen wanderte er zu Fuss umher, traurig
und niedergeschlagen. Bald war er entschlossen diesem Dasein
durch freiwilligen Tod ein schnelles Ende zu bereiten; gleich darauf
aber trug er sich mit dem Gedanken nach Amerika auszuwandern.
Stets lässt er es bei der Absicht bewenden, aber gerade die daraus

---

*maison de mon père, adopté sur les femmes un système assez immoral.
Mon père, bien qu'il observât strictement les convenances extérieures, se
permettait assez souvent des propos légers sur les liaisons d'amour, il les
regardait comme des amusements sinon permis, du moins excusables, et
considérait le mariage seul sous un rapport sérieux."*

   [1]) Vgl. „Adolphe" S. 12: *„Je trouvais dans mon père un observateur
froid et caustique qui souriait d'abord de pitié et qui finissait bientôt la
conversation avec impatience. Je ne me souviens pas pendant mes dix-
huit premières années d'avoir eu jamais un entretien d'une heure avec lui."*

sich ergebenden innern Kämpfe bieten Veranlassung zu ebenso
interessanten, wie feinfühligen Herzensergüssen an Frau von Charrière.
Tagtäglich schreibt er ihr. Alle seine Briefe beginnen mit bitteren
Klagen, die meisten endigen mit einem übermütigen Scherz, und sehr
häufig enthalten sie Andeutungen über Liebesabenteuer, für die er
auch in den trübsten Lebenslagen noch zugänglich gewesen zu sein
scheint.[1]) Eines Tages steigerte sich sein Trübsinn so weit, dass
er in Knittelversen seine eigene Grabschrift verfasste, eine sonderbare
Mischung von Lebensüberdruss und Spottsucht, die uns B. Constants
Vorliebe für Antithesen zeigt.[2]) Am 30. Oktober 1787 langte er
müde und krank in Colombier an. Da er mit seiner Familie noch
immer zerfallen ist, nimmt er ohne Umstände die ihm von Frau
von Charrière angebotene Gastfreundschaft an, und bleibt bis zu
seiner Abreise nach Braunschweig als Gast in ihrem Hause. Während
dieser Zeit befindet er sich fast ausschliesslich unter dem Einflusse
der ebenso schönen, wie geistreichen Frau, und in dieser Zeit
knüpfte sich das geistige Band, das ihn gewaltig bis zu dem Augenblicke fesselt, wo er die Bekanntschaft der Frau von Staël macht.
Frau von Charrière pflegte ihrem Schützling ihre litterarischen
Arbeiten vorzulesen, er selbst arbeitete damals an seinem Werk
über „*La Religion considérée dans sa source et ses développements.*"
Sie hatten die eigentümliche Gewohnheit angenommen, einen regel-
mässigen schriftlichen Gedankenaustausch einzurichten, und pflegten
schon bei Tagesanbruch, während sie noch im Bett lagen, zu schreiben
und diese Briefchen durch die Dienerschaft einander zuzusenden. Indessen ist von einem wohlthuenden Einflusse dieses herzlichen Verkehrs
auf den Charakter des jungen Mannes wenig zu bemerken; denn seine
aus Braunschweig datierten Briefe sind noch härteren und satirischeren
Inhalts als die, welche er in England schrieb. Es lässt sich dieser
Umstand nur dadurch erklären, dass die Gemütsstimmung der Frau
von Charrière selbst keineswegs glücklich und zufrieden war und
die natürlichen Neigungen ihres Schützlings durch Cynismus und
Spottsucht und durch die Verbitterung der vereinsamten Schriftstellerin eher genährt als gemindert wurden. In dieser Beziehung
kann man die Wahlverwandtschaft, die im Grundzuge des Charakters
der beiden herrschte, nur beklagen, wie Constant selbst in seinem
„*Adolphe*" klagt, wenn er sagt (S. 19): „*J'avais contracté dans mes
conversations avec la femme qui la première avait développé mes idées
une insurmontable aversion pour toutes les maximes communes, pour
toutes les formules dogmatiques.*" Zu Anfang des Jahres 1788 verliess
Constant das gastfreundliche Haus, in welchem er seine Gesundheit

---

[1]) Vgl. *Bibl. univers.* (*Revue Suisse*) IV. Série Bd. 6. S. 240).
[2]) Vgl. *Revue des Deux Mondes, avril 1844.* S. 207.

wieder erlangt hatte, und begab sich nach Braunschweig, um dort
gentilhomme ordinaire, oder wie er sich selbst ausdrückt, *gentilhomme
extraordinaire* zu werden. Hier inmitten seiner neuen Umgebung
findet er reichen Stoff, seine Satire zu üben, und er schreibt täglich,
und zwar oft dreimal des Tages, lange Briefe nach Colombier, zu
denen uns leider die Antworten der Frau von Charrière fast vollständig fehlen. Aus den wenigen Erwiderungen, die erhalten sind,
ergiebt sich, dass die 49 jährige Frau taub gegen alle glühenden
Herzensergüsse des jungen Mannes ist, obgleich sie ihm in herz-
licher Freundschaft zugethan bleibt, und obwohl der Ton seiner
Briefe eher an einen liebeglühenden Verehrer als an einen ehr-
erbietigen Freund erinnert.[1] Aus Constants Briefen geht klar
und deutlich hervor, dass Frau von Charrière seinem Ungestüm
stets kühle Ruhe entgegengesetzt. Er klagt z. B., ob sie
denn glaube, dass er so viele Güte, Sanftmut und Liebreiz vergessen könne, dass sie ihm kein volles Vertrauen entgegen-
bringe. Selbst aus der an Frau von Charrière gerichteten Widmung
einiger Briefe, welche er über Geschichte schreibt, erhellt, dass
von Liebesleidenschaft im gewöhnlichen Sinne des Wortes keine
Rede sein kann. Wenn man diese Widmung gelesen hat,[2] ist man
der Meinung, dass Frau von Charrière für B. Constant ein ideales
Vorbild und zugleich eine warme herzliche Freundin ist, die er
dankbar verehrt, der er die geheimsten Regungen seines Herzens
beichtet. Diese Auffassung findet auch durch den ganzen Ton des
Briefwechsels ihre Bestätigung. Indessen sind die fortwährenden
Huldigungen des jungen feurigen Verehrers der schon alternden Frau
weniger angenehm als der Schriftstellerin, und als B. Constant in
seinem Briefe vom 9. Juni 1788 sich eine unzarte Anspielung mit
den Worten: „*Je me suis jeté sur la jeunesse, et quoiqu'on die, je ne
parle presque plus à des femmes de trente ans: Virginibus puerisque
canto*"[3] entschlüpfen lässt, fühlt sie sich derartig verletzt, dass von
diesem Augenblicke an eine merkliche Verstimmung zwischen beiden
eintritt. Zwar ist Constant bemüht, durch verdoppelte Zärtlichkeit
die Wolke zu zerstreuen, welche die Sonne ihrer Freundschaft zu
verdunkeln droht, aber trotz seiner zur Schau getragenen Reue fühlt
Frau von Charrière, dass sein Herz ihr nicht mehr ausschliesslich

---

[1] Vgl. *Revue Suisse*. Série IV. Bd. 6, S. 251: „*Je vous aime autant
que jamais homme n'a aimé. Je voudrais vous revoir vous tendant la main.
Je voudrais m'être retourné une fois de plus, pour vous voir, une fois de
plus en partant. Adieu, ange qui valez bien plus que tous les anges dont
on nous parle.*"
[2] Vgl. *Revue Suisse*, Sér. IV, Bd. 6, S. 252: „*..... à la plus spirituelle et pourtant à la plus simple et à la plus sensible des femmes, à la
plus tendre, à la plus vraie, à la plus constante des amies, salut et bonheur...*"
[3] Vgl. *Revue Suisse*, Série IV, Bd. 6, S. 258.

gehört; denn zärtliche Vorwürfe über seine Unbeständigkeit kehren immer häufiger in ihren Briefen wieder. Später hören zwar diese Vorwürfe auf, aber an ihre Stelle tritt eine Zurückhaltung, die Constant noch mehr verletzt, da sie ein offenbares Misstrauen bedeutet. Er kommt unaufhörlich darauf zurück, ohne jedoch irgend welche Änderung dadurch herbeizuführen. Frau von Charrière's Befürchtungen waren nur zu begründet. Einerseits hatte B. Constant die Bekanntschaft von Frau von Mauvillon gemacht. Sie ist die einzige Frau, mit der er am braunschweigischen Hofe auf freundschaftlichem Fusse geblieben ist. Sie hatte ihren Mann verloren und bereits erwachsene Kinder. B. Constant spricht von ihr nur mit Achtung und Bewunderung, als einer geistreichen liebenswürdigen Frau, musterhaften Gattin und Mutter. Er wollte das Leben ihres Mannes schreiben und besuchte sie deshalb sehr häufig.[1]) Andererseits hatte er sich unter dem Einflusse einiger Hofdamen entschlossen, sich zu verheirateu, ein Entschluss, den er im Jahre 1789 ausführte.[2]) Seine erste Gattin Wilhelmine Baronin von Cram begeisterte ihn anfangs zu folgendem Ausspruch gegen Frau von Charrière; „Si vous voyiez comme Minna me console, me supporte, me plaint, me calme, vous l'aimeriez, vous l'aimez déjà, n'est-ce pas?"[3]) Aber schon 1791 wünscht er die Ehe wieder aufgelöst zu sehen. Er wirft seiner Frau den Mangel an allen Herzenseigenschaften vor. Nach seiner Rückkehr aus Holland, einer Reise, deren traurige Veranlassung ich ausführlich zu besprechen haben werde, weil sie auch auf das Verhältnis zu Frau von Charrière bedeutenden Einfluss geübt hat, gesellt sich zur Herzlosigkeit noch der Vorwurf der Untreue, der nur zu begründet war.[4]) Im Jahre 1793 wird diese Ehe gelöst, die ihm nicht nur fortwährende Geldverlegenheiten, sondern auch die schwersten Gemütskränkungen bereitet hat. Diese wirken um so peinlicher auf das Denken und Empfinden Constant's ein, als gleichzeitig seinen Vater der Vorwurf trifft, er habe sich in der Verwaltung der ihm anvertrauten Gelder Veruntreuungen zu schulden

---

[1]) Herr v. Mauvillon, Prof. a. d. militär. Schule in Braunschweig, war der Verfasser vieler Werke und Mitarbeiter Montesquieu's für dessen Buch üb. d. preussische Monarchie. (Vgl. Revue Suisse, Sér. IV, Bd. 6, S. 251.)

[2]) Handschriften der Familie Constant im Besitz der Bibl. zu Genf. Unedierte Briefe von Rosalie de Constant an ihren Bruder 1788—93. den 24. Februar 1789: „Benjamin se marie à Pâques, je n'ai pas grande opinion de son bonheur."

[3]) Vgl. Revue Suisse, Série IV, Bd. 6, S. 346.

[4]) Vgl. Revue Suisse, Série IV, Bd. 6, S. 373. Zu dieser Zeit schreibt er über seine Frau Folgendes: „Elle a mille bonnes qualités, mais elle ne m'aime plus, elle en aime un autre.... Une foule de chats, de chiens, d'oiseaux, d'amis et un amant, voilà sa société. Qu'ai-je d'y faire? Je lui ai ôté une situation aisée et honorable, je dois la lui rendre ou lui rendre l'équivalent."

kommen lassen. Diese Vorwürfe scheinen zunächst der Eifersucht zu entstammen, die stets zwischen dem Adel Waadtland's und Bern's geherrscht hat. Berner Offiziere, die unter Juste Constant's Befehl standen, behaupteten, dass dieser einen Teil des Kriegsschatzes zu seinem Nutzen verwendet habe. Diese ehrenrührigen Angriffe auf seinen Vater versetzten B. Constant in heftige Verzweiflung. Er reist sofort nach Holland ab,[1]) um ihm bei Widerlegung derselben beizustehen, und einige Monate lang ist er ausschliesslich mit der Ehrenrettung seines Namens beschäftigt. Aus Holland schüttet er der Freundin in Colombier sein Herz aus, aber er vermag nicht, in ihr die Überzeugung von der Unschuld seines Vaters zu erwecken, wie es ihm ein unabweisliches Bedürfnis ist. Im Gegenteil verhält sich Frau von Charrière seinen Unschuldsbeteuerungen gegenüber ziemlich kühl; sie schreibt ihm, dass sie gern etwas Anderes lesen möchte als über diesen ewigen Process, und wenn Constant ihr schreiben wolle, solle er doch in Zukunft ein anderes Thema wählen.[2]) Die Wirkung dieser Worte war um so tiefer, da B. Constant schwere Kämpfe mit seinem Vater zu bestehen hatte, der sich seinen Ratschlägen durchaus nicht fügen wollte. In hellem Zorne antwortete er Frau von Charrière, dass ihre geheimnisvolle Schreibweise ihn ermüde, er könne die Sybillen nicht leiden, und er bitte sie, seine Briefe zu verbrennen, wie er es vor seiner Abreise aus der Schweiz schon mit den ihrigen gethan habe.[3])

Die Behauptung Constant's, dass er die Briefe von Frau von Charrière verbrannt habe, findet bei Frau von Charrière keinen Glauben, denn in ihrer Antwort verlangt sie, er möge ihr zunächst schriftlich sein Ehrenwort verpfänden, dass ihre Briefe wirklich vernichtet seien. In diesem Falle sei sie bereit, auch die seinigen dem Feuer zu übergeben. Constant hütet sich, im weiteren Verlaufe ihres Briefwechsels diese Frage nochmals zu berühren, obwohl er nicht unterlässt, sie wegen seiner heftigen Erwiderung um Entschuldigung zu bitten. Von diesem Zeitpunkt an erkalten die alten herzlichen Beziehungen zwischen ihnen mehr und mehr, ohne dass der Briefwechsel deshalb aufhört. Aber der Ton, in dem Constant schreibt, beweist, welchen tiefgehenden Einfluss Voltaire's Skepticismus auf

---

[1]) Vergl. Constants Msc. Brief von Rosalie de C. an ihren Bruder v. 1. Dec. 1789: „*Marianne* (die 2. Frau von Juste de Constant) *est revenue aujourd'hui et nous apprend que rien n'est fini, ni décidé pour mon oncle qui est à Bruxelles. Benjamin est à la Haye avec sa femme, il s'occupe sans relâche avec tout l'esprit et l'activité possibles de l'affaire de son père, il s'est fait des amis et des partisans . . . . On ne peut prévoir le dénouement de cette affaire qui dure depuis deux ans.*"
[2]) Vgl. *Rev. Suisse*, Sér. IV, Bd. 6, S. 350—351.
[3]) Vgl. *Rev. Suisse*, Sér. IV, Bd. 6, S. 353.

ihn gewonnen hat, dazu gesellt sich ein eigentümlicher Cynismus
bei der Besprechung seiner persönlichen Angelegenheiten, ein Cynismus, der bei Frau von Charrière Nahrung findet, und den Sainte-
Beuve sehr getadelt hat.[1])

Ausser dem vollständig veränderten Verhältnis zu Frau von
Charrière zeigt sich auch in anderer Beziehung ein Wandel in Constant's Lebensauffassung. Offenbar beschäftigt er sich nach seiner
Rückkehr aus Holland mit Voltaire, später jedoch lässt er sich als
Tribun durch Rousseau's „*Contrat social*" beeinflussen, wie einzelne
Andeutungen in seinen Briefen klar beweisen. Da ich nicht be-
absichtige, Constant's Bedeutung als Politiker zu würdigen, so er-
übrigt mir nur noch, einen allgemeinen Überblick über die wechsel-
volle Stimmung zu geben, die innerhalb dieser qualvollen Zeit sich
zeigt, und die sich am besten in den eigenen Worten Constant's ausspricht, wenn er schreibt: „*Je combats de toutes mes forces cette
indifférence pour le vice et la vertu qui a été le résultat de mon
étrange éducation et de ma plus étrange vie et la cause de mes
maux... Je suis las d'être égoïste, de persiffler mes propres sentiments,
de me persuader à moi-même que je n'ai plus l'amour du bien ni la
haine du mal... Je veux redevenir confiant, crédule, enthousiaste, et
faire succéder à ma vieillesse prématurée qui n'a fait que tout décolorer
à mes yeux, une nouvelle jeunesse qui embellisse tout et me rende le
bonheur.*"[2]) Es ist unzweifelhaft, dass Frau von Charrière auf diese
Stimmung einen bedeutenden, und ich wage zu behaupten einen un-
günstigen Einfluss geübt hat. Schon der Ton des ganzen Briefwechsels kann nicht mehr als ein würdiger bezeichnet werden; besonders
wenn man bedenkt, dass ein zwanzigjähriger Jüngling zu einer
doppelt so alten Frau spricht. Es fällt eigentümlich auf, dass Constant sehr häufig englische und deutsche Ausdrücke verwendet und
dadurch der Form seiner Briefe sehr schadet. Diese Citate sind
keineswegs zufällig und wohl auch nicht ohne weiteres als Nach-
lässigkeiten zu bezeichnen, denn in „*Adolphe*" (S. 33) findet sich
eine Stelle, in der diese Eigentümlichkeit verteidigt wird. „*Elléonore
parlait plusieurs langues imparfaitement à la vérité, mais toujours avec
vivacité, quelquefois avec gráce. Ses idées semblaient se faire jour
à travers les obstacles, et sortir de cette lutte plus agréables, plus naï-
ves et plus neuves, car les idiomes étrangers rajeunissent les pensées
et les débarrassent de ces tournures qui les font paraître tour à tour
communes et affectées.*" Bedenklicher dagegen sind leichtfertige
Wendungen wie; „*J'avais été depuis dix heures du matin en Staat,
tout galonné, toujours la tête et les épaules en mouvement, et Barbet*

---

[1]) Vgl. *Rev. Suisse*, Sér. IV, Bd. 6, S. 357.
[2]) *Revue des deux Mondes* 16 avril 1844 S. 256 (*17. mai 1792*).

de cour[1]) était plus fatigué de ses grands tours que jamais Barbet de Colombier ne l'a été," und solche kehren sehr oft wieder. Besonders verletzend aber ist die Art, wie er Frau von Charrière seine Liebesabeuteuer schildert, eine Art, die oft hart an die Grenze des Erlaubten streift. Für Constants Charakterentwickelung möchte ich noch mehr beklagen, dass seine ohnehin bedeutende Neigung zur Satire und zur Schwermut dadurch, dass Frau von Charrière von ähnlicher Anlage war, fortwährend genährt und ausgebildet wurde. Er selbst giebt in „Adolphe" (S. 16) eine, wie ich glaube, sehr zutreffende Schilderung seines Verhältnisses zu dieser Frau, von der ich nur folgenden Satz anführen möchte: „Pendant près d'un an, dans nos conversations inépuisables, nous avions envisagé la vie sous toutes les faces et la mort toujours pour terme de tout."[2])

In der That ist Constant während seines ganzen Aufenthaltes in Braunschweig den widerspruchsvollsten Stimmungen unterworfen und geradezu bemitleidenswert in seiner Unfähigkeit, sich zu beherrschen. Am grellsten tritt diese innere Zerrissenheit in dem Verhältnisse zu seiner Frau hervor. Trotz ihrer erwiesenen Untreue bricht Constant, als er endlich die langersehnte Ehescheidung erreicht hat, in bittere Klagen darüber aus, dass er nun allein stehe.[3]) Auch in gesellschaftlicher Beziehung fehlt ihm der innere Halt, den nur Selbstachtung zu geben vermag. Er hat seinen eigenen Zeugnissen nach keinen Freund, wohl aber sehr viele Feinde, und wenn er die Schuld davon auch zunächst in dem Widerstreit der politischen Überzeugungen sucht, so ist doch nicht wegzuleugnen, und auch aus seinen eigenen Worten deutlich ersichtlich, dass seine Spottsucht wesentlich zu dieser allgemeinen Missstimmung gegen ihn beigetragen hat.[4]) Aber trotz seiner leichtfertigen Lebensanschauung, sobald es sich um Frauen und Liebe handelt, trotz seiner ungezähmten Spottsucht, fesselt uns Constant nicht nur durch das Mitleid, das seine innere Unzufriedenheit unwillkürlich wachruft, sondern

---

[1]) Vgl. Rev. des deux mondes. (avril 1844.) S. 236. Barbet de cour ist B. Constant selbst u. Barbet de Colombier ist Frau von Charrière. Barbet ist ein beliebter Kosename in Constant's Feder.
[2]) Vgl. Rossel Bd. II. S. 256.
[3]) Vgl. Rev. Suisse, Sér. IV, Bd. 6. S. 374: „Hymen, hymen, hymen, quel monstre," und am 25. Mai 1793 (fünf Tage nach seiner Scheidung): „Ils sont rompus tous mes liens, ceux qui faisaient mon malheur, comme ceux qui faisaient ma consolation, tous, tous! Je soupirais après l'indépendance complète, elle est venue, et je frissonne. Je suis comme altéré de la solitude qui m'entoure; je suis effrayé de ne tenir à rien, moi qui ai tant gémi de tenir à quelque chose."
[4]) Vgl. Rev. des deux mondes (avril 1844) S. 257: „Quant à ma vie ici, elle est insupportable et le devient tous les jours plus. Je perds dix heures de la journée à la cour, où l'on me déteste, tant parce qu'on me sait démocrate que parce j'ai relevé les ridicules de tout le monde, ce

durch Fähigkeiten, wie sie nur hervorragenden Schriftstellern gegeben sind. Das ausserordentliche Talent, das sich schon bei dem zehnjährigen Knaben zeigte, befähigt ihn zu Darstellungen und Schilderungen, die Herz und Gemüt des Lesers gefangen nehmen. Dazu kommt eine ausserordentlich scharfe Beobachtungsgabe, allerdings zunächst für die Schwächen und Gebrechen seiner Mitmenschen, und eine grosse Klarheit des Urteils. Die letztere Eigenschaft befähigte ihn besonders zu der politischen Rolle, die er gespielt hat, aber auch in seinen Briefen und besonders in seinem „*Adolphe*" tritt diese Eigenschaft hervor. Das Hauptinteresse, welches dieses Buch erweckt, besteht darin, dass es in Romanform ein getreues Spiegelbild seines Verfassers ist, und, da dieser eben infolge seiner aussergewöhnlichen Empfindlichkeit merkwürdigen Stimmungen unterworfen ist, so bietet dieses Buch eine Mannigfaltigkeit der Eindrücke, wie sie sich in keinem andern Roman jener Zeit findet.

Kapitel II.
Benjamin Constant und Frau von Staël.

Eine zweite Frau hat auf B. Constant einen Einfluss geübt, der ungleich bedeutsamer ist, als der der Frau von Charrière. Als Constant im Jahre 1794 Frau von Staël in Lausanne persönlich kennen lernte, war er 27 Jahre alt. Lady Blennerhasset schildert ihn folgender Weise: „Constant war nach verbrauchter Jugend wie mit dem Fluch beladen, keiner wahren Liebe und keiner wahrhaft glücklichen Empfindung mehr fähig zu sein. Der junge elegante Mann von hohem Wuchs, rotblonden Locken und feinen Zügen, über welchen noch ein Hauch von Unbefangenheit wie ausgegossen lag, der nichts von der innern subtilen Korruption verriet, ein Talent doch kein Charakter, welchen Mallet du Pan „*le plus pervers des hommes avant trente ans*" und Frau von Staël mit kaum geringerem Rechte „*le plus grand des hommes distingués*" nannte."[1]) Der Gemütszustand der Frau von Staël zu dieser Zeit lässt sich in vieler Beziehung mit demjenigen vergleichen, in dem sich Frau von Charrière befand, als B. Constant in Colombier ihr Gast war. Frau von Staël hatte am 6. Mai 1794[2]) ihre Mutter verloren und stand noch unter den lebhaften Eindrücken dieses Verlustes, der für sie um so schmerz-

---

qui les a convaincus que j'étais un homme sans principes.‘ Gleich auf den ersten Seiten seines „*Adolphe*" S. 20. finden sich ähnliche Klagen. „*Je me donnais bientôt, par cette conduite, une grande réputation de légèreté, de persifflage, de méchanceté. Mes paroles amères furent considérées comme des preuves d'une âme haineuse, mes plaisanteries comme des attentats contre tout ce qu'il y a de plus respectable.*"

¹) Frau von Staël und ihre Freunde Bd. II, S. 209.
²) Vgl. d'Haussonville, *Le salon de Mme Necker.* Bd. II. S. 302.

licher sein musste, als sie weder in ihrer Ehe, noch in dem Ver-
hältnis, welches sie mit Herrn von Narbonne eingegangen war,
Glück und Zufriedenheit gefunden hatte. Ihre Verbindung mit
Herrn von Staël-Holstein, einem kalt berechnenden Kopf, und der
Verlust seiner Stellung als Ambassadeur,[1]) waren ein Unglück für
die junge, heissblütige Frau gewesen; den Trost, den sie in der
Freundschaft des Herrn Narbonne suchte, hatte sie nicht gefunden,
und das bittere Gefühl, verschmäht zu sein, lastete schwer auf ihr.[2])
Sie hatte sich in die Schweiz zurückgezogen und wohnte mit ihrem
Vater in Coppet.[3]) Auf seinen Rat widmete sie sich ausschliesslich
der Erziehung ihrer Kinder, und versuchte, die französischen Emi-
granten um sich zu sammeln, um Zuhörer zu bekommen, die ihren
Geist bewundern könnten. Dadurch erklärt sich der lebhafte Eindruck, den B. Constant bei der ersten Bekanntschaft auf sie machte.[4])
B. Constant seinerseits war nicht weniger tief ergriffen von dem
persönlichen Zauber, den die junge geistreiche Frau auf alle diejenigen übte, die ihr persönlich nahe traten. Die drei Briefe,[5]) die
B. Constant damals an Frau von Charrière schreibt, gestatten ein
Urteil darüber, wie das Verhältnis zwischen ihm und Frau von Staël
entstanden ist. Zunächst, ein Jahr bevor er sie kennen lernt, spricht
er über sie ab, streng bis zur Ungerechtigkeit. Nach persönlicher
Begegnung verwandelt sich die Voreingenommenheit gegen die Schriftstellerin schnell in Bewunderung, die sich schon im 3. Briefe in
Worten Luft macht.[6]) Seine Vorurteile sind verschwunden, selbst

---

[1]) Vgl. d'Haussonville, Le salon de Mme Necker. Bd. II, S. 25.

[2]) Frau von Staël hatte die Bekanntschaft Narbonne's in Paris gemacht. Als echter Lebemann war er ihrer sehr bald überdrüssig geworden
und hatte kurz zuvor das Verhältnis zu ihr vollständig aufgelöst. Sainte-
Beuve sagt über ihn Causeries de Lundi Bd. XI, S. 438: „Mr. de Narbonne
'est très mal conduit avec elle, comme font tous les hommes après le succès.‟

[3]) Vgl. d'Haussonville „Le salon de Mme. Necker‟ Bd. II, S. 253,
256, 282.

[4]) Vgl. Sorel (Albert) Frau v. Staël, S. 43—52. Lady Blenner-
hasset Bd. II, S. 188.

[5]) In dem ersten Brief handelt es sich um das Urteil Constants
über die Apologie de Marie-Antoinette (vgl. Gaullieur, Rev. Suisse, Sér. IV,
Bd. 8, S. 275): Qu'est-ce que c'est que cette platitude brillante et frivole
comme le bonheur et la beauté... C'est à cracher dessus.‟ Constant
schreibt den 2. Brief am 19. Sept. 1794. (Vgl. Gaullieur, Rev. Suisse, Sér. IV,
Bd. 8, S. 290) und den 3. Brief im Oktober 1794 (Gaullieur, Rev. Suisse
Sér. IV, Bd. 8, S. 292).

[6]) C'est la seconde femme que j'ai trouvée qui m'aurait pu tenir lieu
de tout l'univers, qui aurait pu être à elle seule un monde pour moi....
C'est un être à part, un être supérieur, tel qu'il s'en rencontre peut-être
un par siècle, et tel que ceux qui l'approchent, le connaissent et sont ses amis,,
doivent ne pas exiger d'autre bonheur.‟ (Gaullieur (Rev. Suisse, Série IV,
Bd. 8, S. 292).

die Spottlust schweigt, und bald finden wir ihn vollständig unter dem Banne seiner neuen Freundin. Dieser äussert sich zunächst dadurch, dass er sich wieder mit politischen Dingen beschäftigt und das Verhältnis zu Frau von Charrière vollständig zu lösen bemüht ist. Wenn auch der Bruch sich nicht ohne innere Kämpfe vollzogen haben mag[1]), so ist es doch erklärlich, dass die alternde Frau von Charrière sehr schnell durch die jugendliche, lebensfreudige Frau von Staël in den Schatten gestellt worden ist; und man darf behaupten, dass die neue Verbindnng für Constant geradezu belebend und erlösend gewirkt haben muss. Sainte-Beuve hat diesen wichtigen Punkt in Constants Leben sehr charakteristisch dargestellt, wenn er sagt, dass Frau von Charrière für B. Constant die Personifikation des 18. Jahrhunderts war, während er durch Frau von Staël dem 19. Jahrhundert vollständig gewonnen wurde.[2]) In diesem Sinne ist auch eine Stelle aus Constants Tagebuch zu deuten[3]): *„Il y a 7 ans que je ne l'ai vue, il y a dix ans que toute relation est finie entre nous. Avec quelle facilité je brisais alors toutes ces relations qui me fatiguaient! Comme je me croyais sûr d'en former d'autres à ma volonté! Comme je me sentais en pleine possession de ma vie...."*

Die Freundschaft zwischen Frau von Staël und B. Constant musste durch den Entwickelungsgang beider wesentlich gefördert werden. Schon die Einflüsse, die sie in der Kindheit empfangen haben, sind die gleichen. Die Mutter der Frau von Staël erinnerte sich immer an Gibbon, ihren früheren Verehrer, und an die schönen Tage ihres Aufenthaltes in Lausanne.[4]) Ihr Vater war ein Schüler der genannten berühmten Gelehrten, die damals in Genf Vorlesungen hielten. In Paris hatte Frau von Staël in ihres Vaters Salon mit den Encyclopädisten verkehrt. Sie hatte die Werke von Rousseau, auch Goethes *„Werther"* gelesen, von welchem sie sagte (Sorel, S. 11): *„Ce livre a fait époque dans ma vie."* Mit einem Worte, sie war die Frau, von welcher Marc Monnier gesagt hat: *„Une Genevoise épanouie par la France."*[5]) Indirekt wirkte auch dieser schweizerische Einfluss auf Constant. Als er nach Lausanne kam, blieb er nur kurze Zeit in dieser Stadt, und daher konnte sich dieser Einfluss

---

[1]) Vgl. Gaullieur, *Rev. Suisse.* Sér. IV, Bd. 8, S. 293. Brief an Frau von Charrière am 26. März 1796: *„Adieu, vous qui avez embelli huit ans de ma vie, vous que je ne puis malgré ma triste expérience imaginer contrainte et dissimulante, vous que je suis apprécier mieux que personne ne vous appréciera jamais. Adieu! Adieu!"* Zu dieser Zeit fährt B. Constant nach Paris. Sein Briefwechsel mit Frau von Charrière dauerte noch, aber doch nicht so regelmässig als früher, bis zu ihrem Tode (1805) fort.
[2]) Vgl. *Rev. des deux mondes (avril 1844)* S. 260. Sayous Bd. II, S. 125.
[3]) Vgl. *Revue internationale (janvier-mars 1887)* S. 235.
[4]) Vgl. Lotheissen: „Litt. und Ges. in Frankr. z. Z. der Rev." S. 24
[5]) Vgl. Godet, S. 415.

erst auf fremdem Boden entwickeln. Aber in seinem Briefwechsel und in seinem Verkehr mit Frau von Charrière hat er etwas vom Schweizerlande aufgenommen und es immer behalten. Er war gewissermassen ein Rousseau, welcher in der Luft und in den Sitten einer gebildeten und sehr oft überfeinerten Gesellschaft erzogen war. Aber es gab andere Berührungspunkte zwischen B. Constant und Frau von Staël, welche in Corinne von ihr folgendermassen geschildert worden sind: *Leurs goûts n'étaient point les mêmes, leurs opinions s'accordaient rarement, et dans le fond de leur âme, néanmoins, il y avait des mystères semblables, des émotions puisées à la même source.*"[1]) Und endlich fühlten sie sich gegenseitig angezogen durch gleichmässige politische Überzeugung. Beide schöpften ihre Ideale in England. Beide fühlten sich dazu berufen in der politischen Entwickelung Frankreichs eine Rolle zu spielen. So rücken Politik und Litteratur diese beiden Naturen an einander und stellen eine unauflösliche Dauer ihrer persönlichen Beziehungen in Aussicht. Aber der Grundzug im Charakter B. Constants sorgt dafür, dass auch Frau von Staël ihn nicht dauernd zu fesseln vermag, zumal es auch an einigen Widersprüchen zwischen beiden nicht fehlt, die Sorel (S. 52) mit den Worten charakterisiert: *„Mme. de Staël avait l'âme virile et supérieure, lui, le caprice, les nerfs, l'âme fragile et féminine. Il le sentit et s'en vengea affectant la lassitude, menaçant de briser."* Es fehlte B. Constant an Beständigkeit. *„Sola inconstantia constans"* kann als Motto seines ganzen Lebens gelten. Selten widmete er seine Liebe, seine Freundschaft einer Person allein, wie aus den Beziehungen, die er nach und nach mit Frau von Charrière, Frau von Staël, Charlotte, Frau von Récamier unterhielt, deutlich hervorgeht. Umsomehr bewährt sich die Treue von Frau von Staël in allen Verhältnissen, die sie in ihrem wechselvollen Leben eingegangen ist, und man kann mit gutem Gewissen das Urteil unterschreiben, welches Frau Necker de Saussure über sie fällt: *„Elle avait une confiance entière dans ses attachements, jamais elle n'a pu rompre avec personne, jamais elle n'a pu cesser d'aimer. Elle était indulgente par sa nature et par un effet de sa supériorité."*[2]) Vorläufig befindet sich Constant vollständig in ihrem Banne, und wir sehen, dass er bereits einige Monate, nachdem er sie in Lausanne kennen gelernt hat, zu Beginn des Jahres 1795 der

---

[1]) Vgl. Sorel, *l. c.* S. 52. *Corinne* (ed. Didot. Paris 1877) S. 324 u. 54: *„Bien que les goûts d'Oswald fussent à quelques égards différents de ceux de Corinne; ils se comprenaient d'une façon merveilleuse.*" u. S. 193: *„Notre âme et notre esprit n'ont-ils pas la même patrie?"*

[2]) Vgl. *Oeuvres complètes de la baronne de Staël, publiées par son fils, précédées d'une notice sur le caractère et les écrits de Mme de Staël par Mme Necker de Saussure (1820)* T. I, S. CCXXIII.

jungen Frau nach Paris folgt, und bald durch seinen sprühenden Geist eine hervorragende Rolle in ihrem Salon spielt. Ein eigentümliches Licht auf das persönliche Verhältnis beider zu dieser Zeit wirft ein kleiner Auftritt, den Constant in seinem Tagebuch erwähnt. Frau von Staël gestattete nicht länger als bis Mitternacht bei ihr zu verweilen. Eines Tages ist Constant über diese Beschränkung so aufgebracht, dass er seine Taschenuhr zu Boden wirft, weil sie sich in Widerspruch mit der Stutzuhr im Salon befindet.[1]) Dieselbe Heftigkeit, die die Zerstörung der Uhr herbeiführte, beherrschte ihn gewöhnlich, und mit einer wahrhaften Despotie forderte er, dass Frau von Staël nur für ihn Worte und Blicke habe. Seine Eifersucht überstieg alle Grenzen. Allerdings lebten sie in vollständiger Ideengemeinschaft, und ihre Intimität wird in „Adolphe" in folgender Weise geschildert. S. 49: *„Ellénore fut émue. Elle m'imposa plusieurs conditions. Elle ne consentit à me recevoir que rarement, au milieu d'une société nombreuse, avec l'engagement, que je ne lui parlerais jamais d'amour. Je promis ce qu'elle voulut. Nous étions contents tous les deux: moi d'avoir reconquis le bien que j'avais été menacé de perdre, Ellénore de se trouver à la fois généreuse, sensible et prudente ....* S. 50. *Lorsque j'arrivais, j'apercevais dans les regards d'Ellénore une expression de plaisir. Quand elle s'amusait dans la conversation, ses yeux se tournaient naturellement vers moi. L'on ne racontait rien d'intéressant qu'elle ne m'appelât pour l'entendre. Mais elle n'était jamais seule; des soirées entières se passaient sans que je pusse lui dire autre chose en particulier que quelques mots insignifiants ou interrompus. Je ne tardai pas à m'irriter de tant de contrainte. Je devins sombre, taciturne, inégal dans mon humeur, amer dans mes discours. Je me contenais à peine lorsqu'un autre que moi s'entretenait à part avec Ellénore: j'interrompais brusquement ces entretiens."*

Ich habe schon oben gesagt, dass das erste Jahr der persönlichen Beziehungen zwischen B. Constant und Frau von Staël in die Zeit ihres Aufenthaltes in Paris 1794/95 fällt. Als sie zu Anfang des Jahres 1796 in die Schweiz kamen, war ihre leidenschaftliche Zuneigung für einander bereits ein öffentliches Geheimnis, und die Familie Constant beklagte bitter den Einfluss, welchen Frau von Staël übte, wie sich aus verschiedenen Briefen ergiebt.[2]) Andrerseits liefern

---

[1]) Vgl. *Revue internationale (Janv. mars 1887)* S. 87.
[2]) Vgl. Menos, S. 18. 19, 20. Constants Handschriften. Rosalie de Constant à Charles de Constant. (Chaumière le 6 septembre 1796.) .... *J'aurais mieux aimé passer mon temps à arranger l'appartement que dans la société de Madame de Staël, qui me fatigue beaucoup et m'amuse peu. Quoique je l'aie beaucoup évitée, je m'y suis trouvée quelques fois. Benjamin n'est rien du tout pour nous, et, c'est très triste de voir quelqu'un qui devrait vous être quelque chose ne vous être rien. Ma tante voulait les avoir l'autre fois. Heureusement que nous étions en force avec les*

die Briefe der Frau von Staël an Rosalie (vgl. Menos S. 17) einen
eklatanten Beweis für die Innigkeit ihres Gefühls für B. Constant.
So schreibt sie dieser Freundin in Besorguis über den Ausgang eines
Duells, das B. Constant mit einem Journalisten hat: „*Il y a 48 heures
à présent que je tremble et pleure et meurs d'inquiétude. Si vous saviez ce qu'il est pour moi, quelle lettre encore j'ai reçue de lui, quel
ange de sensibilité il est pour moi! C'est à lui que tient tout ce que
j'ai de vie. Au nom du ciel ne me cachez rien! S'il était blessé; il
lui serait si doux de me revoir — mais non; il ne sera pas battu.*"

Wie diese Zärtlichkeit von Constant erwidert wurde, ist schwer
festzustellen; wenn man aber die bezügliche Stelle iu „Adolphe" liest,
und daraus einen Schluss zu ziehen sich erlauben darf, wozu wenigstens die hingebende Liebe, mit der Ellénore den verwundeten Adolf
pflegt, zu berechtigen scheint, so ist aus Constants eigenen Worten
in „Adolphe" zu ersehen, dass die Liebesglut der Frau von Staël in
dieser Zeit keineswegs voll und ganz erwidert wurde.[1]) Aus den
wenigen Briefen und Dokumenten, die aus jener Zeit erhalten sind,
ergiebt sich nur soviel, dass B. Constant und Frau von Staël einen
Sommer und einen Winter (1796/97) in Coppet verlebt haben,[2]) und
sich im Frühling 1797 wieder in Paris befanden. Da Herr von Staël
seiner Stellung wegen sehr oft auf Reisen und weder ein geistreicher,
noch ein hervorragender Kopf war, so war seine Gattin bei der Leb-
haftigkeit ihres Geistes und Selbständigkeit ihres Charakters naturgemäss geneigt, die Gesellschaft von Männern zu suchen, bei denen
sie Verständnis für ihre Auffassungen und Bestrebungen fand. Es
liegt im innersten Wesen der menschlichen Natur begründet, dass
die Beziehungen, die sie infolgedessen anknüpfte, nicht ausschliesslich
nur von dem litterarischen Gesichtspunkte aus beurteilt worden sind.
Verschiedene Autoren sind auch bezüglich B. Constants ohne weiteres

---

*Hardy, les Huber, nous laissâmes chuchoter la belle avec son ingrat ex-ministre
(Narbonne) son petit renard (Mᵐ de Traly) qui partait la nuit même, et
le favorisé Benjamin, qui lançait des sarcasmes que personne de nous
ne comprenait. Au milieu de tout cela, une voix me dit dans l'oreille.
Votre oncle est là haut . . . . .
. . . . Le lendemain, en me réveillant, la première personne que
je vis, ce fut notre pauvre oncle. J'eus bien de l'émotion et du plaisir
à le revoir, je ne l'avais pas vu depuis 91. Je le trouvais rajeuni et le
même exactement pour l'esprit, je fis ce que je pus pour éviter les contra-
dictions, mais c'est trop difficile; ce qu'on veut dire pour adoucir son chagrin l'aigrit, et il ne voulut pas me permettre d'envoyer chercher son fils.
Il était fâché de ce qu'il avait passé à Dôle sans le voir, et très mal dis-
posé pour la belle (Mᵐᵉ de Staël), après laquelle il court, et s'afflige de la
nouvelle carrière dans laquelle il s'est engagé; enfin c'est pour lui un sujet
d'amertume. Il ne sait pas encore où il vivra, ni ce qu'il fera.*

[1]) Vgl. „Adolphe", S. 85.
[2]) Vgl. Menos, S. 146, 147, 148.

zu dem Schluss gelangt, er habe Frau von Staël den abwesenden Gatten in jeder Beziehung ersetzt. Dieser Auffassung schliesst sich Brandes an, wenn er sagt: „Die Scheidung von Baron von Staël-Holstein hatte ihr Anseben geschädigt, das Verhältnis zu B. Constant war fast eine öffentliche Begebenheit, und er war unzweifelhaft der Vater ihrer im Jahre 1797 geborenen Tochter Albertine, der späteren Herzogin von Broglie.“[1]) Ich möchte darauf hinweisen, dass hier ein chronologischer Irrtum vorliegt; denn Albertine von Staël ist im Juni 1797 geboren, und die Scheidung der Frau von Staël fand erst im Sommer 1798 statt.[2])

Aus den Daten, die Frau Blenner-Hasset in ihrem Werke II, S. 269, 270, 271 giebt, erhellt ausserdem, dass Herr von Staël im Herbst (Nov.) des Jahres 1796 sich lange Zeit bei seiner Gattin in Coppet aufgehalten hat, ferner, dass die Beziehungen der beiden zu einander keineswegs unfreundliche genannt werden können;[3]) denn Herr von Staël verbrachte den ganzen Winter in der Nähe seiner Gattin und begleitete sie auch nach Paris (Apr. 1797), woselbst Albertine geboren wurde. Trotzdem diese Daten zu grösster Vorsicht mahnen, hat Herr Brandes ohne weiteres Frau von Staël als ein von niedriger Sinnlichkeit beherrschtes Wesen hingestellt und in

---

[1]) Vgl. Brandes *Litt. d. 19. Jh.* I, S. 124. Brandes scheint sich ohne weiteres auf Strodtmann (*Dichterprofile* B. II, S. 15) berufen zu haben. An dieser Stelle sagt Strodtmann: „Sie durfte mit Recht erwarten, dass der Mann, welcher jahrelang jegliches Opfer ihrer hingebenden Liebe angenommen, welcher sich hatte gefallen lassen, dass sie ihr Vermögen mit ihm teilte, und zu welchem sie von ihrer 1797 geborenen Tochter Albertine stets wie von einem ihm durch die nächsten Blutsbande angehörigen Wesen sprach, nicht anstehen werde, ihr die unverbrüchlichste Treue zu bewahren und sie durch seine Liebe für alles zu entschädigen, was sie um seinetwillen erduldet.

[2]) Vgl. Blenner-Hasset II, S. 319 und Sorel l. c. S. 96 bezüglich der Scheidung und S. 78 bezüglich der Geburt von Albertine. Sorel und Blenner-Hasset finden für die Geburt der Tochter von Frau von Staël das Datum October 1797. Dagegen finde ich in einem Briefe, den B. Constant von Paris an seinen Onkel schreibt, das Datum: 13. Juni 1797. „*Madame de Staël est accouchée très heureusement d'une fille, il y a quelques jours. Elle se porte très bien et me charge de mille choses pour vous et pour mes cousines*". (Vgl. Menos, S. 149—150). Sorel, S. 78. „*Elle eut en octobre 1797 à Coppet une fille Albertine*. Ich halte das Datum von Constant für das richtige.

[3]) Vgl. Blenner-Hasset II, S. 270. „*C'est trop cruel, au lieu de l'agitation dans le calme, c'est l'agitation dans le vide. Morte ou vive, je veux passer l'hiver ici, Mons. de Staël y arrivant*." Frau von Staël an Meister (undatiert, aber hierher gehörend; ungedruckte Briefe im Besitz des Herrn Dr. Th. Reinhart.) Vgl. nach Roederer, *œuvres* VIII, S. 652—653; *Corresp. diplomatique du Bar. de Staël-Holstein*; Constants Handschriften Rosalie à Charles (Chaumière), jeudi 3 nov. 1796): *J'ai vu pour la première fois Mr. de Staël*.

diesem Sinne beurteilt. Ich erlaube mir darauf hinzuweisen, dass
eine gegenteilige Auffassung sich nicht nur äussern, sondern auch aus
ethischen Gründen verteidigen liesse.[1]) Zugegeben muss freilich
werden, dass das Verhältnis zwischen Herrn von Staël und seiner
Gattin manche Eigentümlichkeit aufweist, dass die Beziehungen Frau
von Staëls zu Narbonne, Schlegel, Jordan, Fauriel, Constant, Gerando
unlautere Deutung zulassen, und dass die häufigen Trennungen der
beiden Gatten, sowie die übertrieben zärtlichen Ausdrücke, deren
Frau von Staël in ihren Briefen an ihre Freunde sich zu bedienen
pflegt, nicht geeignet sind, den Argwohn zu zerstreuen.[2])

Die Scheidung einer zwölfjährigen (1786—1798) mit Kindern
gesegneten Ehe beweist noch keineswegs, dass nur Untreue einen
derartigen Ausgang veranlassen konnte, und trotzdem Frau von Staël
in ihrem Briefwechsel häufig angeregt und enthusiatisch ist,[3]) darf
man nicht vergessen, dass sie ihrem Vater eine selbstlose, treue
Tochter und ihren Kindern eine aufopfernde, hingebende Mutter war.
Schon deshalb wird man sich der Meinung verschliessen dürfen, auf

---

[1]) Solange als die Staël-Handschriften, die sich zu Coppet be-
finden, für niemand zugänglich sind, wird man zugeben müssen, dass die
jetzt veröffentlichten Dokumente recht wohl gestatten, das Verhältnis der
Frau von Staël zu B. Constant mehr als ein geistiges aufzufassen, und
dass das Gegenteil nicht bewiesen werden kann.

[2]) Gerando *Mme de Récamier et Mme de Staël* „*Adieu, je vous
aime à présent bien plus que vous ne m'aimez*"; — S. 25. „*Vous ne
m'aimiez pas du tout en écrivant votre dernière lettre, mon cher Gerando,
et vous avez eu tort. Je vous avais exprimé un moment de peine sur
Matthieu, et vous avez pu croire qu'il était nécessaire de la justifier! Si
vous saviez avec quel plaisir je donnerais la moitié de ma vie pour lui,
vous auriez compris que mes plaintes étaient de la nature de celles qui
prouvent qu'on aime trop vivement.*" Vgl. noch: Sainte-Beuve, *Caus. du Lundi,* Bd. VIII, S. 356. Mme
de Staël à Roederer. Im Jahre 1796: „*Croyez que je vous aime, de haute
reconnaissance, d'opinion et d'attrait.*"
Sainte-Beuve, *Portraits contemporains (Fauriel) Lettres de Madame
de Staël à Fauriel,* S. 150—155.
Blenner-Hasset, Bd. II., S. 392.
Gerando, *Mme de Staël à Madame Récamier,* S. 36, 47, 48, 44.
Octobre 1801: „*Vous me demandez, si vous me retrouverez plus heureuse;
je ne puis vous le promettre, car j'ai fini par croire que la douleur était
l'état habituel de l'homme, et je vis avec une souffrance au cœur comme
d'autres avec un mal physique. — Ah! croyez-vous que le cœur puisse jamais
se relever de ce qui m'est arrivé? Les trois hommes que j'aimais le plus,
que j'aimais depuis l'âge de dix-neuf et vingt ans, c'était Narbonne, Talley-
rand et Matthieu de Montmorency. Le premier est une forme pleine de
grâce, le second n'a plus la même forme, et le troisième est altéré dans
tous ses agréments, quoique ses adorables qualités lui restent. J'ai de
nouveaux amis qui me sont très chers, mais le passé semble surtout fait
pour ébranler l'imagination et le cœur.*"
[3]) Vgl. Strodtmann, l. c. S. 4.

sie als Gattin einen Makel zu werfen; es müssten denn unumstössliche
Beweise zu dieser Auffassung zwingen. Was man als Beweis ange-
geben hat, scheint mir keineswegs ausreichend. Zunächst dürfte man
wohl annehmen, dass, da der Antrag auf Scheidung der Ehe von Herrn
von Staël ausging, er zur Begründung desselben nicht blos die Verschiedenheit ihrer politischen Anschauungen angeführt,[1]) sondern
den wahren Grund wenigstens angedeutet haben würde, wenn er
ihre Untreue hätte beweisen können. Ferner darf man nicht übersehen, dass die Trennung der beiden Gatten nicht in feindschaftlicher
Weise erfolgte. Noch im Jahre 1802, also vier Jahre nach derselben,
eilte Frau von Staël an das Krankenbett ihres Gatten und nur sein
Tod verhinderte sie, ihn zu pflegen.[2]) Ebensowenig ist es zulässig
Albertine von Staël ohne weiteres als die Tochter B. Constants anzusehen, wie Brandes dies thut. Be igewissenhafter Erwägung aller
einschlagenden Verhältnisse lassen sich die vertrauten Beziehungen
der beiden geistig hochbedeutenden Menschen recht wohl durch eine
auf rein geistiger Interessengemeinschaft beruhenden Zuneigung erklären,[3]) und diese Erklärung scheint mir schon deswegen den Vor-

---

[1]) Vgl. Sorel, l. c. S. 96; Blenner-Hasset, Bd. II, S. 319.
[2]) Vgl. J. Schmidt, *Gesch. d. frz. Litt.*, Bd. I, S. 359.
[3]) Vgl. *Rev. Internat. (Journal intime) 1887*, S. 109:
*..De quelque manière que sa destinée se fixe la mienne ne peut être,
que littéraire et indépendante.“*
  Vgl. Sainte-Beuve, *Causeries du Lundi*. Bd. XI., S. 440:
„*Et de tout temps, les esprits de Benj. Constant et de Madame
de Staël s'étaient contenu bien mieux que leurs cœurs, c'est par là qu'ils
se reprenaient toujours.“*
  Revue des deux Mondes, 1 avril 1886 (Souvenirs du duc de Broglie)
S. 526:
„*Je suis fermement convaincu qu'en y regardant de près, on trouverait
au fond de tous les torts réels ou supposés, et supposés pour la plupart,
qu'on a bien ou mal à propos imputés à Madame de Staël, cette lutte entre
deux qualités éminentes qui la dominait tour à tour, au lieu de se limiter,
de se tempérer mutuellement; c'est ce qui rendit son existence orageuse, c'est
ce qui rendit son intimité, voire même son intérieur de famille passionné,
ardent, tumultueux. Je ne crains pas d'ajouter, que c'est ce qui détruisit
sa santé, malgré la vigueur naturelle de son tempérament, et termina pré-
maturément sa vie,d ans la force de l'âge et du talent.“* Vgl. Brief vom
26. Juli 1816.
  Vgl. noch Constants Handschriften (Rosalie à Charles, d. 29. Oct. 1796):
„*Peut-être si ces deux esprits se conviennent si bien, seraient-ils
après heureux ensemble.“*
  Den 5. August 1804:
„*Ils se tiennent par l'esprit. Aucun autre homme ne lui offre les
ressources du sien, elle veut absolument le conserver et le retient tantôt
par despotisme, tantôt par des services à lui rendre.“*
  Den 26. Juni 1816:
„*Il (Benjamin) a été si malheureux sous son empire (Mme de St.)*

zug zu verdienen, weil damit in ganz natürlicher Weise die häufigen
Zwistigkeiten und die schliessliche Entfremdung verständlich werden.
In der That tritt die Entfremdung zwischen beiden um so stärker
hervor, je reifer und entwickelter das Urteil der Frau von Staël
sich gestaltet, und der männliche Zug in ihrem Charakter musste
auf die Dauer einem nervösen und reizbaren Wesen, wie B. Constant
es besass, lästig werden. Gegen Brandes Meinung scheint mir ferner
zu sprechen, dass, nachdem Frau von Staël ihre Freiheit erlangt hatte,
sie sich gleichwohl nicht entschliessen konnte, eine neue Ehe mit
Constant einzugehen, auch ist kaum anzunehmen, dass dieser, nachdem er sich im Jahre 1809 mit Charlotte verheiratet hatte, seiner
jungen Frau erlaubt haben würde, selbst die ehemalige Geliebte von
ihrer Hochzeit zu benachrichtigen.[1] Der Gedanke an eine Verheiratung mag in den Jahren 1798—1803 öfter aufgetaucht und
zwischen ihnen besprochen worden sein. Nach den Briefen, die
zwischen Rosalie und ihrem Bruder einerseits und Frau von Staël
andrerseits gewechselt worden sind, scheint es sogar, als ob die
eheliche Verbindung fast beschlossen gewesen wäre.[2] Sicher hat
B. Constant sich häufig mit dem Gedanken beschäftigt, ihrem der
Missdeutung ausgesetzten Verhältnisse auf diese Weise Klärung zu
verschaffen und Frau von Staël entsprechende Vorschläge gemacht.[3]
Inwieweit diese Vorschläge bei ihm einem Herzensbedürfnisse ent-
sprangen, ist bei seinem so wandelbaren Charakter sehr schwer zu
bestimmen. Ich bin jedoch geneigt anzunehmen, dass die Weigerung,
den Ehebund einzugehen, nicht von seiner, sondern von ihrer Seite
gekommen ist.[4] Zunächst legte Frau von Staël einen zu hohen
Wert auf den Ruf, den ihr Name als Schriftstellerin sich erworben
hatte, als dass es ihr leicht geworden wäre, ihn gegen einen anderen
zu vertauschen. Vielleicht wäre sie bereit gewesen Constants Gattin
zu werden, wenn derselbe, wie später Herr von Rocca (1811) in die

---

*que je ne puis croire qu'il le regrette, quoiqu'il aimât beaucoup la réunion
d'esprit qu'il y avait autour d'elle et que le sien faisait valoir."*
    [1] Vgl. Menos, S. 45.
    [2] Vgl. Menos, S. 27—29.
    [3] *Rev. Internat. (Journal intime),* S. 233:
*„Quoi! vous ne voulez pas souffrir et vous étendez vos ailes au dehors,
vous allez braver les vents, vous heurter contre les arbres, vous briser contre
les rochers! Je n'y peux rien, hélas! Tant que vous ne ployerez pas vos
voiles, tant que vous ne verrez pas que toute situation fixe vaut mieux que
le battement perpétuel, il n'y a rien à espérer! Et tout ce que je vous
dis là, s'applique encore plus à une femme qu'à un homme qui a une carrière et s'agite pour un but fixe, tandis que vous vous agitez pour briller
dans un salon et pour courir après un genre de succès, qui ne laisse rien
après lui, comment dédommagerait-il de ce qu'il coûte."*
    [4] Vgl. Menos, S. 27.

Geheimhaltung ihrer Ehe gewilligt hätte.[1]) Ferner war B. Constant, wenn er auch in geistiger Beziehung ihr lebhaftes Gefallen erweckte, bezüglich seines Charakters keinesfalls fähig, das Ideal, das eine Frau, wie Frau von Staël, träumen mochte, zu verwirklichen. Sie musste fühlen, dass sie in der Ehe mit ihm weder Glück noch Schutz finden würde.[2]) Dass Frau von Staël trotz aller Gründe, die ihr in gesellschaftlicher Beziehung eine Verheiratung mit B. Constant wünschenswert erscheinen lassen konnten, doch eine innere Abneigung gegen die Ehe mit ihm empfand, beweist auch eine Stelle in „Adolphe" (S. 119), der auf die von Baron T. gestellte Frage: *„Ecoutez, il faut dans ce monde savoir ce qu'on veut. Vous n'épouserez pas Ellénore?"* folgendermassen antwortet: *„Non, sans doute, m'écriai-je, elle-même ne l'a jamais désiré."*[3]) Hier spricht Constant selbst durch den Mund der Geliebten klar und deutlich aus, dass die Weigerung, die Ehe einzugehen, nicht von seiner, sondern von ihrer Seite kam. Auch später in seinem Tagebuch bedauert Constant zu wiederholten Malen, den Ehebund mit Frau von Staël nicht eingegangen zu sein. *„Je suis entre deux femmes, dont l'une m'a fait du tort en ne m'épousant pas, et dont l'autre va me nuire en m'épousant."*[4]) *„Au fond, Charlotte ressemble à toutes les femmes. J'en accuse les individus, j'aurais dû m'en prendre à l'espèce. Mais pour mon travail et les bons conseils, je regrette M*me* de Staël plus que jamais."*[5]) Wenn aus diesen Stellen auch zunächst nur zu ersehen ist, dass B. Constant in der Ehe mit Charlotte nicht das geträumte Glück gefunden hatte, so darf man doch nicht vergessen, dass Frau von Staël die einzige Frau war, von der er mit diesem wehmütigen Bedauern und dieser Sehnsucht spricht. Aber ungleich deutlicher als die angeführten Stellen seines Tagebuches, sprechen die Briefe, die er an seine Base Rosalie de Constant von Herbages bei Paris richtet, aus denen ich folgende Stelle hervorheben möchte: *„Je connais, chère Rosalie, votre répugnance à me parler d'une personne qui nous intéresse tous deux, et dont les qualités et les défauts sont quelquefois le charme et d'autres fois le tourment de ma vie. . . . J'ai de grands moments de tristesse, j'en ai de fréquents d'insouciance. Je sens que ma vie n'est pas fixée, et ce sentiment nuit à l'intérêt. Voilà, je crois, le plus exactement du monde, l'histoire de ma vie*

---

[1]) Vgl. Sorel, l. c. S. 97: Blenner-Hasset, Bd. II, S. 393, 394. Sainte-Beuve, *Caus. du Lundi*, Bd. XI, S. 435.

[2]) Vgl. Sorel, S. 97.

[3]) Vgl. *Corinne*, S. 123: „*Il faut que j'épouse Corinne*", sagt Lord Neevil, „*il faut que je sois son protecteur, afin que personne désormais ne puisse le méconnaître.*"

[4]) Vgl. *Revue Internationale 1887*, S. 641.

[5]) Vgl. ib., S. 766.

actuelle. Vous en conclurez peut-être qu'il faudrait mieux que cela; c'est possible. Mais il ne faut pas risquer plus mal, et surtout ne pas risquer le malheur et l'ennui d'un autre; je ne pourrais pas traiter cet ennui aussi cavalièrement que le mien.[1]) Il en est de même de mon autre relation. Vous vous trompez prodigieusement, quand vous soupçonnez de la jalousie dans mes questions. „Je ne veux que me fortifier moi-même par la conviction que ce dont j'ai envie, la raison le conseille et la justice ne le désapprouve pas."[2]) Und endlich vermag ich die folgende Stelle eines Briefes, den Rosalie an ihre Freundin (Fr. v. Staël) schreibt, nicht anders als in dem angeführten Sinne zu deuten. „Ah! combien je vous aurais aimée, si vous aviez épousé B. Constant et qu'il y eût trouvé son bonheur."[3]) Spricht sich hier nicht deutlich ein Vorwurf aus darüber, dass Frau von Staël das langjährige Verhältnis mit Constant nicht zum Ehebund hat umwandeln wollen? Gegen meine Auffassung scheinen mir weder die Ereignisse der folgenden Jahre, noch die spätere Verheiratung mit Charlotte de Hardenberg, noch endlich die weitere Gestaltung der persönlichen Beziehungen zwischen Constant und Frau von Staël zu sprechen. Kurz nachdem die Heiratspläne sich zerschlagen hatten, verlässt Constant Coppet und begiebt sich nach Herbages bei Paris (1803).[4]) Die Briefe, die er im Mai, Juni und Juli von dort an seine Cousine schreibt, scheinen mir zu beweisen, dass er sich aus Ärger über eine Zurückweisung aus Coppet entfernt hat, und bedauert, dass der Ehebund nicht zustande gekommen ist.[5])

---

[1]) **Menos**, S. 183—184: Brief vom 29. Mai 1803.

[2]) Vgl. Menos, S. 188 (den 23. Juni 1803).

[3]) Vgl. Menos, S. 29, und Constants Handschriften (Rosalie à Charles): Den 25. Juni 1802. „Madame de Staël a contracté de grands devoirs envers Benjamin en disposant de son sort comme elle l'a fait. Je trouve que, si elle ne l'épouse pas, elle doit le marier, et ne pas le vouer au rôle de Sigisbée perpétuel."
Den 7. Juli 1802. „Nous avons eu Benjamin quelques jours, il a beaucoup amusé ma tante et nous avons beaucoup ri. Son caractère est celui d'un enfant malin, qui est toujours guidé par le moment, et sur lequel on ne peut jamais compter. Il m'a paru craindre beaucoup le mariage que je croyais ne pouvoir manquer. C'est charmant de se trouver d'accord avec ce qu'on aime."
Den 5. August 1804. „Il me paraissait si naturel d'épouser Benjamin quand elle devint libre que je ne mis pas la chose en doute."

[4]) Vgl. Menos, S. 177 und 178.

[5]) Vgl. Sainte-Beuve, Causeries du Lundi, Bd. XI, S. 435:
„Il avait voulu, à une certaine heure et quand elle (Mme. de Staël) fut libre, l'épouser, lui donner un nom, et elle s'y refusa absolument: il lui aurait semblé à elle, en y consentant, déroger à quelques égards, faire tort à sa gloire, et, comme elle le disait gaiement, désorienter l'Europe. L'amour propre de Benj. Constant, au contraire, fut blessé de ce refus."

Envoyez-moi quelqu'un qui soit assez riche pour que je ne sois pas plus pauvre, assez gaie pour n'être pas accablée de mes accès de découragement, assez sensible pour aimer mon désir de la rendre heureuse, assez spirituelle pour tout comprendre, assez calme pour supporter une retraite absolue, assez élégante pour n'être en rien ridicule dans le monde, assez sage pour n'aimer que moi, assez passionnée pour n'avoir ce délire que quand il le faut, et outre cela instruite, douce et jolie, je la prends, ma cousine, sur votre responsabilité.[1])

Une communauté d'intérêt, avec un être dont l'éducation et les idées seraient analogues à ma nature, ferait mon bonheur autant que le bonheur se fait sur la terre."[2])

Aber sollte die wiederholt geäusserte Absicht, sich mit einer andern Frau zu verheiraten nicht als *dépit amoureux* gedeutet werden können?

„*Avez-vous rencontré la demoiselle dont vous m'avez si souvent parlé?* *Elle était si peu sérieusement occupée de moi, quand j'étais près d'elle, que je parierais qu'elle ne l'est plus du tout, depuis que je suis absent. Cependant je pense à elle avec assez de tendresse, et, parmi les vagues idées qui charment ma retraite, je la mets au premier rang.*"[3])

„*Je crains bien, quant à l'autre dame, qu'il ne lui manque en effet, comme vous le dites, beaucoup de choses pour rendre heureux. Je lui crois le besoin du grand monde provincial et c'est aussi fâcheux pour le bonheur et l'esprit que celui du grand monde de la capitale. Cependant, si j'avais vu en elle le moindre manque de sensibilité pour moi, je ne sais ce que j'aurais fait.*"[4])

Es bedarf voller sechs Jahre, ehe er diese Absicht verwirklicht, nicht weil es ihm an Gelegenheit dazu gefehlt hätte, denn wiederholt spricht er in seinem Tagebuche und seinen Briefen von Frauen, die ihm gefallen haben, und die bereit gewesen wären, ihm ihre Hand zu geben, aber stets fehlt ihm im entscheidenden Augenblicke der Mut.[5]) Stärker als die bisher angeführten Gründe aber scheint mir das freundschaftliche Verhältnis, wie es sich schon ein halbes Jahr ungefähr nach seiner Abreise von Coppet[6]) zwischen ihm und Frau von Staël herausgebildet hat, dafür zu sprechen, dass die Weigerung von ihr ausgegangen ist.[7]) Es ist wohl kaum anzunehmen, dass eine Frau von der Bedeutung und dem Charakter

---

[1]) Vgl. Menos, S. 185.
[2]) Vgl. Menos, S. 188.
[3]) Vgl. Menos, S. 178 (Brief, den 23. April 1803).
[4]) Vgl. Menos, S. 184.
[5]) Vgl. Blenner-Hasset, Bd. III, S. 223 (Die Heirat von B. Constant).
[6]) Vgl. Menos, S. 30.
[7]) Vgl. Menos, S. 31.

der Frau von Staël, es über sich gebracht hätte, den Mann, der
ihre Hand ausgeschlagen hatte, wieder zu sich zu rufen und als
Freund in ihrer Nähe zu dulden, wenn er sie so bitter gekränkt
hätte.

Bereits im Oktober 1803 begleitet Constant Frau von Staël
auf ihrer Reise nach Deutschland[1]) und bleibt bis zu Ende des
Jahres 1806 unter ihrem direkten Einfluss. Anfänglich erinnern die
neu angeknüpften Beziehungen an die Anfangszeit ihrer ersten Bekanntschaft, und trotzdem fehlt jede Spur von Liebe seitens
B. Constants.[2])

Ein schöner Beweis für die Rückkehr gegenseitigen Vertrauens
findet sich unter andern in dem Umstand, dass B. Constant während
Neckers letzter Krankheit an seinem Lager weilt, und als der Tod
eingetreten ist, nach Deutschland zurückkehrt, um Frau von Staël
zu trösten. Bei dieser Gelegenheit spricht er deutlich aus, dass nur
Grossmut und Mitleid seine Handlungsweise veranlassen, wenn er
sagt: „Il était plus possible de brûler la cervelle à son ami intime
que de l'abandonner dans les circonstances de cet hiver. Il y a des
choses qu'il est impossible de juger sans les avoir vues: il y a des
genres de douleur qu'il est impossible d'apprécier sans avoir une
connaissance entière du caractère de celui qui les éprouve."[3] — „On
annonce qu'une espèce de peste se répand dans toute l'Italie. Madame
de Staël ne peut plus y aller, et me voilà forcé de rester ici. On
dirait vraiment que l'exil, la mort et la peste se donnent le mot pour
me tenir enchaîné. Pouvais-je abandonner Mme de Staël, il y a deux
ans, quand elle était bannie? Et il y a sept mois lorqu'elle a perdu
son père? Et à présent qu'elle ne part plus? Que faire contre le sort?[4])

---

[1]) Vgl. Camille Jordan et Madame de Staël par Sainte-Beuve (Revue
des deux Mondes, 1 mars 1868, S. 70); Lettre de Madame de Staël à Montmorency, 28 octobre 1803.
[2]) Vgl. Constants Handschriften (Rosalie à Charles, le 20 décembre 1803):
„Ce pauvre Benjamin se laisse traquer bien malgré lui par l'Allemagne. J'ai mal au cœur quand je vois son nom sur les papiers publics,
souvent avec quelques quolibets sur la dame. Qu'elle est coupable de com-
mander ainsi son sort et celui des autres; il m'a écrit de Francfort, il
allait, disait-il, la laisser continuer son voyage et retourner chez lui. Je
n'en crois rien, il demandait de tes nouvelles avec beaucoup d'amitié. Il
ne saura jamais rien faire d'heureux pour lui."
[3]) Vgl. Menos, S. 196, 198.
[4]) Vgl. Rer. Internat. (Journal intime) janv., mars 1887, S. 440, und
Constants Handschriften: Rosalie à Charles, le 13 avril 1804:
„Mons. Necker vient de terminer sa carrière. Le pauvre Benjamin,
qui était enfin parvenu à quitter sa trop célèbre amie aux portes de Berlin,
apprit, à son arrivée ici, que Mr Necker était plus malade et désirait le
voir, lui parler. A peine s'arrêta-t-il un jour, mais avant d'arriver à
Genève, il rencontra Mme Necker, qui venait au devant de lui pour lui annoncer
sa mort et prendre ensemble des mesures nécessaires pour annoncer cet

Nach Coppet zurückgekehrt, weilt B. Constant bei Frau v. Staël, bis sie Oktober 1804 nach Italien abreist. Gleichzeitig mit ihr verlässt er Coppet und kehrt nach Paris zurück. In den Bemerkungen B. Constants, die sich über die ersten Briefe, die er aus Italien erhalten hat, vorfinden, findet sich volle Übereinstimmung mit den Gefühlen Adolphes beim Lesen der Briefe Ellénore's *„Je reçois une lettre de Madame de Staël qui trouve les miennes tristes et me demande ce qu'il me faut pour mon bonheur. Hélas, ce qu'il me faut, c'est ma liberté: précisément ce qu'on ne veut pas m'accorder."*

„Je reçois une lettre de Madame de Staël, je n'y répondrai pas, je suis rassasié de ces éternels reproches et de mes éternelles justifications."[1]) Spricht nicht aus diesen Worten dieselbe Gleichgültigkeit, dieselbe unmännliche Schwäche, die sich im „Adolphe" wiederfindet (S. 87)?

Pendant mon absence, j'écrivis régulièrement à Ellénore. J'étais partagé entre la crainte que mes lettres ne lui fissent de la peine, et le désir de ne lui peindre que le sentiment que j'éprouvais. J'aurais voulu qu'elle me devinât, mais qu'elle me devinât sans s'affliger; je me félicitais quand j'avais pu substituer les mots d'affection, d'amitié, de dévouement à celui d'amour; mais soudain je me représentais la pauvre Ellénore triste et isolée, n'ayant que mes lettres pour consolation; et, à la fin de deux pages froides et compassées, j'ajoutais rapidement quelques phrases ardentes ou tendres, propres à la tromper de nouveau."

Am Ende des Jahres 1806 begegnet Constant in Paris einer alten Bekannten aus Braunschweig, Charlotte v. Hardenberg.[2]) Er findet soviel Vergnügen an ihrer Gesellschaft, dass sich ihm der Gedanke, sich mit ihr zu verheiraten, sofort aufdrängt. Zwei Jahre lang (1806—1808) bekämpft er diese Neigung mit Rücksicht auf die Verpflichtungen, die er Frau von Staël gegenüber hat oder zu haben glaubt. Am 5. Juni 1808 reicht er Charlotte in Brevans die Hand zum Ehebund. Ein eigentümliches Licht auf die fast unglaubliche Schwäche Constants wirft der Umstand, dass er seine Verheiratung heimlich vornimmt, und es seiner Frau und seinem Vater überlässt, Frau von Staël von der vollzogenen Thatsache in Kenntnis zu setzen.[3]) Während dieser Zeit zeigt sich Frau v. Staël

---

affreux malheur à leur amie. Il n'a pris conseil que de sa pitié et de son humanité, et il est reparti pour refaire tout le voyage qu'il venait de terminer. Cette malheureuse femme peut perdre l'esprit de chagrin, de regret d'avoir quitté son père."

[1]) Vgl. *Revue Internationale (Journal intime)*, S. 444, 624.
[2]) Vgl. Menos, S. 35.
[3]) Vgl. Sainte-Beuve, *Table générale et analytique. Carnet et B. Constant*, S. 36: 5 *juin 1808, mariage secret.* Menos, S. 291, giebt das Datum Januar 1809; vgl. noch S. 309.

als erbitterte Gegnerin seiner Hochzeitspläne, aber nicht ein einziges Mal zeigte sie ihm den Ausweg, der sicherlich die Lösung des Verhältnisses zu Charlotte zur Folge gehabt hätte, nicht ein einziges Mal verlangt sie, die seine zu werden.[1]) Aber wenn auch Frau von Staël mit ihrer fast männlichen Entschlossenheit, mit ihrem Selbstbewusstsein in dem schwankenden und unentschlossenen Constant nicht den Mann erblicken konnte, den sie als Begleiter für das Leben hätte wünschen können, so widersetzt sie sich doch hartnäckig seiner anderweitigen Verheiratung. — Warum? Weil Constant, der geistreiche, witzige Mann ihr ein gefügiger Freund und Diener geworden war, auf den sie in schwierigen Verhältnissen unbedingt rechnen zu können glaubte, und den zu verlieren und aus der Hand zu geben, sie unmöglich gern sehen konnte. Damit erklärt sich auch, warum sie nach Abschluss der Ehe mit Charlotte im Jahre 1814 wiederum in freundschaftliche Beziehung zu ihm tritt.

Kapitel III.
Adolphe und Ellénore.

Da „Adolphe" ein getreues Spiegelbild des Charakters und der Lebenserfahrungen seines Verfassers ist, so bedarf es nach dem bisher Gesagten wohl kaum der Versicherung, dass das Buch bei dem Leser einen betrübenden und niederschlagenden Eindruck hinterlassen muss. Man kann nicht umhin, dem Verfasser wegen seiner fortwährend zu Tage tretenden Schwächen zu grollen, und doch überwiegt das Mitleid mit dem Unglücklichen, mag man sich auch noch so oft sagen, dass er den grössten Teil seines Unglückes selbst verschuldet hat. Diese Sympathie für den Verfasser wird erhöht, weil man ihm aufs Wort glauben darf, dass er aus moralischen Gründen zu der Darlegung seiner innersten Gefühle sich entschlossen habe. In der Vorrede zu „Adolphe" heisst es (S. 2): „*J'ai voulu*

Der Herausgeber des *Journal intime* (*Rev. Internat.*, *janv.*, *mars 1887* S. 642) giebt für die Ehe Constants das Datum 9. Mai 1807. Ich berufe mich auf das von Sainte-Beuve herausgegebene Notizbuch, nehme also den 5. Juni 1808 als richtig an.

[1]) Um Frau v. Staëls Abneigung gegen die Ehe mit B. Constant zu verstehen, genügt es, ihren Briefwechsel mit Jourdan zu lesen (Sainte-Beuve, Rev. des 2 Mondes, 1 Mars 1868). Hier spricht sie ihre Meinung klar aus (1806, S. 72): „*Je n'aime pas que mes amis se marient*". Vgl. noch Gerando, l. c. S. 47: „*Camille Jourdan (1802, 30 juin) m'a écrit une lettre, qui l'a fait beaucoup aimer de mon père. Pour moi, c'est décidé depuis longtemps; j'ai le plus tendre attrait pour lui, et je pense avec peine que vous le marierez et qu'il aura des affections nouvelles qui me reculeront de plusieurs degrés. Je lui écrirai la première fois contre le mariage; j'ai un beau morceau sur ce sujet, qui vous convaincrait vous-même, si Annette n'était pas là*".

peindre le mal que font éprouver même aux cœurs arides les souf-
frances qu'ils causent et cette illusion qui les porte à se croire plus
légers ou plus corrompus qu'ils ne sont" und in dem Briefe an
seinen Verleger (S. 183): „*L'exemple d'Adolphe ne sera pas moins*
instructif, si vous ajoutes qu'après avoir repoussé l'être qui l'aimait,
il n'a pas été moins inquiet, moins agité, moins mécontent; qu'il n'a
fait aucun usage de sa liberté reconquise au prix de tant de
douleurs et de tant de larmes; et qu'en se rendant bien digne de
blâme, il s'est rendu aussi digne de pitié" und in seinem Buche
selbst (129): „*J'ai répandu du malheur autour de moi pour re-*
conquérir quelques années que le temps viendra bientôt m'arracher" [1])
und in einem Briefe drückt er denselben Gedanken aus: „*Je serai*
condamné pour le bien que j'ai voulu faire, et pour la douleur que je
n'ai pas voulu causer". [2])

Ein Mann, der so offen seine Fehler bedauert, ist schon halb
entschuldigt, und keiner seiner Leser hat das Recht zu behaupten,
dass er nicht bemüht gewesen sei, diese so offen bekannten und somit von ihm klar erkannten Fehler redlich zu bekämpfen. Seine
Darstellung ist eine Art Beichte, die unter den unmittelbaren Eindrücken innerer Kämpfe entstanden ist, die den Verfasser in der
Zeit seiner Verheiratung mit Frau v. Hardenberg quälten, als Frau
v. Staël gegen diese Einspruch erhob. Dass das Buch in einer
Sturm- und Drangperiode entstanden ist, beweist sein Inhalt; dass
es keine Streitschrift, kein Pamphlet, wie „Elle et Lui" oder „Lui
et Elle" sein soll, beweist der Umstand, dass es erst 10 Jahre später
(1816) veröffentlicht wurde. [3])

Das erste Kapitel des „Adolphe" ist eine packende Schilderung
der Übersättigung, der Langenweile und der inneren Unzufriedenheit,
die Benj. Constant bewegten, als er die Bekanntschaft der Frau
v. Charrière machte. Damals hatte er bereits verschiedene Univer-
sitäten besucht, aber seine Abneigung gegen ernste und regelmässige
Arbeit und sein Widerwille gegen alle Autorität hatten ihn verhindert, den Gewinn daraus zu ziehen, den er bei seiner grossen
Befähigung, bei seiner leichten Fassungsgabe leicht hätte ziehen
können. Leichtsinn und Spottsucht waren so tief bei ihm ein-
gewurzelt, dass es ihm selten gelang, sie zu überwinden. Von
tiefem Lebensüberdruss erfüllt, ohne wahren sittlichen Halt, sogar
der Stütze beraubt, die er naturgemäss an seinem Vater, an seiner
Familie hätte finden sollen, kommt er in die kleine Stadt D. Hier
wird der talentvolle, aber spottsüchtige und hochmütige junge Mann,

---

[1]) Vgl. noch *Adolphe*, S. 187.
[2]) Vgl. Menos, S. 192 (23. Juli 1803) und noch S. 211.
[3]) Bei J. Schmidt: *Gesch. d. frz. Litt.*, Bd. I, S. 384, ist es ein kleiner
Irrtum, wenn gesagt wird: „Adolphe ist im Jahre 1820 erschienen".

wenn nicht mit Widerwillen, so doch mit grossem Misstrauen und abstossender Kälte aufgenommen und behandelt. Als Ausnahme davon erwähnt er Beziehungen zu einer älteren Frau, die er als Jüngling geliebt hat, womit die im Jahre 1805 in der Schweiz gestorbene Frau v. Charrière gemeint ist. Ein ganz zufälliger Umstand macht ihn mit der Geliebten des Grafen P., der Polin Ellénore, bekannt. Eifersüchtig auf die Erfolge eines Freundes, überlässt er sich den Gefühlen, die ihn beim Anblick dieser Frau, obgleich 10 Jahre älter als er, beschleichen. Ellénore hat ein sehr bewegtes Leben hinter sich, ehe sie die Geliebte des Grafen P. wird. Gewissensbisse kennt sie nicht, wohl aber ist sie bemüht, ihren Kindern eine gute Erziehung zu geben. Bei aussergewöhnlicher Begabung besitzt Ellénore ein sehr klares Urteil, ihre Ausdrucksweise ist einfach, aber packend, sie besitzt Innigkeit und Wärme des Gemütes, sie steckt voller Vorurteile und Selbstsucht, ist aber doch auch der Aufopferung fähig. Sie ist sehr fromm, vielleicht weil die Kirche ihren Lebenswandel verurteilen muss. Sie legt grossen Wert auf äusseren Anstand und gute Sitte. Die natürliche Folge davon ist, dass sie sich ununterbrochen im Widerspruch mit ihrer Stellung fühlt, und dass innere Kämpfe ihre Stimmung trüben.[1]) Die Gefühle, die Adolphe beherrschen, ziehen ihn wider seinen Willen zu Ellénore hin. Er besucht häufig den Grafen P. Zu schüchtern, seine Empfindungen auszusprechen, schreibt er an Ellénore. Er berauscht sich an seinen eigenen Worten; am Schluss des Briefes glaubt er, wirklich etwas von der Leidenschaft zu empfinden, die er darin auszudrücken bemüht gewesen ist. Ellénore widersteht zuerst den Anträgen Adolfs und versucht, eine Leidenschaft zu ersticken, die sie ganz gegen ihren Willen in dem Herzen des jungen Mannes entflammt hat. Er empfindet ihre Behandlung als eine Schonung, wie man sie einem kranken Kinde zuteil werden lässt. Seine Eitelkeit ist verletzt, er droht mit Selbstmord, wenn die Geliebte nicht gewähren will, was er von ihr fordert; Ellénore sieht sich gezwungen, ihm zu erklären, dass sie ihn nur noch in Gesellschaft empfangen könne. Bald aber treffen sie sich dennoch von Zeit zu Zeit unter vier Augen. Ellénore, die inzwischen selbst von einer heftigen Leidenschaft für ihn erfasst worden ist, giebt sich ihm hin. Kaum hat Adolf sein Ziel erreicht, so tritt Ermüdung und Teilnahmlosig-

---

[1]) „On l'examinait avec intérêt et curiosité comme un bel orage.« („Adolphe", S. 32.)

„Tourmenté d'une émotion vague, je veux être aimé, me disais-je, et je regardais autour de moi; je ne voyais personne qui m'inspirât de l'amour, personne qui me parût susceptible d'en prendre. J'interrogeais mon cœur et mes goûts. je ne me sentais aucun mouvement de préférence. Je m'agitais ainsi, quand je fis la connaissance du comte P." (S. „Adolphe", S. 27.)

keit an Stelle der früheren Leidenschaft, und so entstehen eine
Reihe zuerst zarter, später aber heftiger Auftritte, wie sie sich aus
einem solchem Verhältnis ganz naturgemäss ergeben. Adolf fühlt,
dass er zwar noch lebhaftes Interesse an Ellénore nimmt, dass sie
aber nicht mehr den Inhalt seines Denkens und Fühlens aus-
macht, sondern nur noch als Last von ihm empfunden wird. Unter
dem Vorwand, die Geliebte nicht in bösen Leumund zu bringen,
zieht er sich mehr und mehr zurück, während Ellénores Neigung
zu ihm täglich wächst. Je kälter und abweisender er sich zeigt,
desto lebhafter und feuriger wird ihre Liebe zu ihm. Niemals hat
sie dem Grafen P. eine solche Leidenschaft entgegengebracht. Adolf
lohnt ihre angstvollen Bemühungen, ihm zu gefallen, mit immer
grösserer Kälte, immer abstossenderer Rücksichtslosigkeit. In selbst-
süchtiger Verblendung klagt er über sein verfehltes Dasein, über
seine verlorene Unabhängigkeit. Mit Bitterkeit gedenkt er der
Stunden, die er in ihrer Gesellschaft nutzlos verschwendet. Der
erste stürmische Auftritt zwischen ihnen erfolgt in dem Augenblicke,
wo sie ihm das Versprechen abgerungen hat, noch 6 Monate in ihrer
Nähe zu verweilen. Sie macht ihm den Vorwurf, sie in dieselbe
zweideutige Stellung zurückversetzt zu haben, aus der sich zu be-
freien, sie ihr ganzes Leben hindurch bemüht gewesen sei. Aber
anstatt Mitleid für die beklagenswerte Frau zu zeigen, erblickt
Adolf in diesem Vorwurf nur einen Grund mehr, seine Handlungsweise zu entschuldigen. Ellénore leidet so furchtbar unter der
Gleichgiltigkeit Adolfs, dass sie alle Vorsicht, alle Rücksichten auf
den Grafen P., auf ihre Kinder beiseite setzt. Trotz der energischen
Abmahnungen Adolfs lässt sie ihr Haus und ihre Kinder imstiche,
und die ganze Unbesonnenheit ihrer Handlungsweise wird ihr nicht
eher klar, als bis sie sieht, wie tief sie dadurch in der öffentlichen
Meinung gesunken ist. Das unglückliche Weib hat nicht einmal
den Trost, Teilnahme für ihr trauriges Schicksal bei dem Manne
zu finden, um dessentwillen sie duldet; sie überzeugt sich nur zu bald,
dass er die Opfer, die sie ihm gebracht hat, niemals von ihr begehrt
haben würde. Angesichts ihrer Qualen regt sich endlich doch in
Adolfs Brust das Gefühl des Mitleids, freilich stark vermischt mit
dem des Unbehagens. Statt der unwiderruflich verloren gegangenen
Liebe, bemüht er sich wenigstens äusserlich ein ritterliches Be-
nehmen zu zeigen; so entsteht der Zweikampf, durch den er eine
Kränkung rächen will, die einer der Herren, die im Hause ver-
kehren, Ellénore angethan hat. In diesem Duell wird Adolf schwer
verwundet. Ellénore weicht Tag und Nacht nicht von seinem
Krankenlager; sie pflegt ihn mit wahrhaft rührender Geduld und
Aufopferung. Man sollte meinen, ihre Hingabe müsste das Herz
des Treulosen rühren, und Adolfs Liebe zu ihr neu beleben. Aber

dem ist nicht so; er empfindet kaum Dankbarkeit für die Unglückliche. [1])
    Endlich neigen sich die sechs Monate, die er bei ihr zu
bleiben sich verpflichtet hat, ihrem Ende zu. Kaum sind sie ver-
flossen, so kehrt Adolf ins Elternhaus zurück. Von dort schreibt
er an sie aus reinem Mitleid zärtliche Briefe, wohl geeignet, sie
über seine wahren Empfindungen zu täuschen. Gleichzeitig aber
ist er nur darauf bedacht, die wiedergewonnene Freiheit nach
besten Kräften zu geniessen. Er empfindet es als eine schwere
Belästigung, als Ellénore plötzlich erscheint, weist ihre Vorwürfe
schroff zurück, und das Wiedersehen wird zu einem bitterbösen
Auftritt. Zwar macht sich Adolf unmittelbar nachher heftige Vorwürfe über sein Verhalten, und als sein Vater ihm befiehlt, sich
von Ellénore zu trennen, verlässt er sogar mit ihr vereint die
Vaterstadt. Aber das Gefühl der Liebe hat an dieser Handlungsweise nicht den geringsten Anteil, obwohl er auf der Flucht
bemüht ist, sie durch Schmeichelworte und Liebkosungen vom
Gegenteil zu überzeugen. Ellénore täuscht sich keinen Augenblick über seine wahren Gesinnungen, [2]) ihr Zusammenleben wird
immer trüber und peinlicher. Während seines Aufenthaltes in
Cadan fühlt Adolf aufs neue grosse Lust, sich von ihr zu trennen.
Aber angesichts des grossen Opfers, das sie ihm dadurch bringt,
dass sie die von dem Grafen P. angebotene Verzeihung zurück-
weist, weil sie dann Adolf verlassen und ungesäumt zum Grafen P.
zurückkehren müsste, wagt er es doch nicht, seinem innersten
Wunsche zu folgen. Gleichzeitig aber empfindet er seine Nachgiebigkeit als strafwürdige Schwäche, die er selbst verurteilt. Endlich hat er den Mut ihr offen zu gestehen, dass sein Gefühl für
sie erstorben sei. Ellénore fällt bei dieser Eröffnung in Ohnmacht.
Adolf versucht aufs neue, sie durch unwahre Vorspiegelungen zu
täuschen; er bleibt bei ihr, freilich mit bitteren Klagen darüber, dass
die beengende Fessel fester als je geknüpft sei. Drei Monate später
erfährt Ellénore den Tod ihres Vaters. Adolf folgt ihr in ihre
polnische Heimat, wohin sie reist, um die Erbschaftsangelegenheiten
zu regeln; denn ihr väterliches Erbteil wird ihr von mehreren Ver-
wandten streitig gemacht.
    Nachdem sie den Prozess gewonnen hat, und dadurch in den
Besitz eines nicht unbeträchtlichen Vermögens gelangt ist, bleibt
Ellénore in Polen, und bemüht sich, Adolf in ihrer Nähe zu be-

---

[1]) Vgl. „Adolphe", S. 85: *„Cette vie que je venais d'exposer pour Ellé-*
nore, je l'aurais mille fois donnée pour qu'elle fût heureuse sans moi."
    [2]) „Adolphe", sagt sie ihm, *„vous vous trompez sur vous-même, vous*
êtes généreux, vous vous dévouez à moi, parce que je suis persécutée; vous
croyez avoir de l'amour, et vous n'avez plus que de la pitié" (S. 96).

halten. An seiner stets wachsenden Traurigkeit sieht sie, dass ihm das Zusammensein mit ihr mehr und mehr zur Last wird. Sie hofft, ihn aufzuheitern, indem sie ihr Haus zahlreichen Gästen öffnet, und übersieht dabei, dass die Stellung Adolfs zu ihr sich schlecht für die Öffentlichkeit eignet. In der That verurteilt man ihn als („Adolphe" 146) *„un homme profondément égoïste que le monde avait corrompu"*. Als ihm solche Gerüchte zu Ohren kommen, werden seine Klagen heftiger als je, Ellénore fügt sich wie immer seinen Wünschen, und bald steht das Schloss wieder vereinsamt wie zuvor. Um diese Zeit empfängt Adolf eine Einladung seitens eines alten Freundes seines Vaters, des Barons T., der er willig Folge leistet. Der Baron T. hat keine Mühe, ihn von der Misslichkeit seiner Lage und der Notwendigkeit, mit Ellénore zu brechen, zu überzeugen. Um den Bruch zu beschleunigen und um den schwankenden Adolf zu einem schnellen Entschluss zu bringen, schreibt Baron T. selbst an Ellénore. Der Eindruck dieses Briefes auf die Unglückliche ist so gewaltig, dass sie schwer erkrankt und schon nach wenigen Tagen stirbt. Die letzten Stunden der armen Frau, ihr Tod und ihr Begräbnis machen auf Adolf einen tiefen Eindruck, der auf den letzten Seiten des Romans sehr schön geschildert ist.

Am Sterbebett seiner Freundin erfasst ihn tiefe Reue über seine Vergangenheit, und er bricht in bittere Klagen aus („Adolphe" 171) *„Ma douleur était morne et solitaire, je n'espérais point mourir avec Ellénore; j'allais vivre sans elle, dans ce désert de monde que j'avais souhaité tant de fois de traverser indépendant. J'avais brisé ce cœur, compagnon du mien, qui avait persisté à se dévouer à moi dans sa tendresse infatigable."* In dem Briefe, mit dem Adolf das Manuscript begleitet, versucht er zu erklären, warum sein Verhältnis zu Ellénore für beide verhängnisvoll werden musste. Er sagt (S. 182): *„Le malheur d'Ellénore prouve que le sentiment le plus passionné ne saurait lutter contre l'ordre des choses. La société est trop puissante, elle se reproduit sous trop de formes, elle mêle trop d'amertume à l'amour qu'elle n'a pas sanctionné; elle favorise ce penchant à l'inconstance et cette fatigue impatiente, maladies de l'âme, qui la saisissent quelquefois subitement au sein de l'intimité . . ."* S. 183: *„Malheur donc à la femme qui se repose sur un sentiment que tout se réunit pour empoisonner, et contre lequel la société, lorsqu'elle n'est pas forcée à le respecter comme légitime, s'arme de tout ce qu'il y a de mauvais dans le cœur de l'homme pour décourager tout ce qu'il y a de bon!"*

Mehr als die angeführte Stelle beweist das Urteil seiner Base Rosalie, welchen moralischen Wert sie Adolf beilegte. *„Je crois qu'il est peu de romans d'une moralité aussi profonde qui montre*

mieux le pouvoir de l'éducation."[1]) Constant selbst hat sicher nur
mit Rücksicht auf die Wirkung, die er damit zu erzielen hoffte, in
dieser Weise seine innersten Empfindungen zergliedert. Wir dürfen
sicher sein, dass er nicht beabsichtigte, die Dinge so wiederzugeben,
wie sie sich im Leben zugetragen haben, denn das Bedürfnis, die
ungeschminkte Wahrheit zu sagen, empfindet er nicht einmal bei
der Abfassung seines Tagebuches, dessen Angaben man nur mit
grosser Vorsicht aufnehmen darf. Die Zeit, in welcher „Adolphe"
verfasst wurde, lässt sich nicht sicher feststellen. Doch glaube ich
behaupten zu können, dass die Abfassung bruchstückweise statt-
gefunden hat. Seinen eigenen Angaben zufolge wäre „Adolphe" im
Jahre 1806 in der kurzen Frist von 14 Tagen[2]) verfasst worden. Erschienen ist das Buch in England im Jahre 1816.[3]) Im Jahre 1811
findet sich eine Stelle in seinem Tagebuch folgenden Inhalts:
„*Je me mets à relire mon roman. Comme les impressions
changent! je ne saurais plus l'écrire aujourd'hui.*"[4]) Wenn der Roman
im Laufe des Jahres 1806 entstanden ist, hat er jedenfalls später
zu verschiedenen Zeiten nicht unwesentliche Änderungen erfahren.

Nach Constants eigenen Angaben ist in Ellénore Frau v. Staël
und Charlotte verkörpert. Dem Tagebuche zufolge hat er aber
Charlotte erst anfangs 1807 seine Liebe erklärt:[5]) „*Nous revenons
à Paris. Journées folles: délices d'amour! Que diable cela veut-il
dire? Il y a douze ans que je n'ai rien éprouvé de pareil. C'est
par trop fou! Cette femme que j'ai refusée cent fois, qui m'a toujours*

---

[1]) Vgl. Menos. S. 60, und Seite 51, A. 3 dieser Arbeit. Brief vom
19. Juli 1816: Rosalie à Charles.

[2]) Vgl. Rev. Internat. *(Journal intime) 1887,* S. 635:
„*J'ai fini mon roman en quinze jours.*"

[3]) Vgl. Menos *Lettres de B. Constant,* S. 542:
*Spa, 17 juillet 1816. Ce que vous me dites sur Adolphe me fait grand
plaisir. Je crois qu'il y a quelque vérité dans les détails et les observations.
Du reste, j'ai toujours mis bien peu d'importance à cet ouvrage qui est fait
depuis dix ans. Je ne l'ai publié que pour me dispenser de le lire en société,
ce que j'avais fait cinquante fois en France.*
Strodtmann (S. 17) sagt darüber folgendes: „Er schrieb Adolphe in
England (1816), aber liess das Buch erst nach dem Tode der Frau v. Staël
drucken." Nach dem obengesagten ist das Urteil Strodtmanns falsch.

[4]) Vgl. Rev. Internat. *(Journal intime) 1887,* S. 764.

[5]) Revue Internationale *(Journal intime) 1887,* S. 635:
„*En comparant mes impressions auprès de Madame de Staël et Mme
Dutertre, je m'aperçois que le sentiment est plus détruit par la gêne que par
la violence. J'ai lu mon roman à M. de Boufflers, qui en a fort bien
saisi le sens; il est vrai que ce n'est pas d'imagination que j'ai écrit
Non ignora mali. Cette lecture m'a prouvé que je ne devais pas mêler un
autre épisode de femme à ce que j'ai déjà fait. Ellénore cesserait d'inté-
resser, si le héros contractait des devoirs envers une autre et ne les remplissait
pas; sa faiblesse deviendrait odieuse.*"

aimé, que j'ai repoussée sans cesse, que j'ai quittée sans regret il y a dix-huit mois, à qui j'ai écrit cent lettres indifférentes, à qui, lundi passé, j'ai repris mes lettres, cette même femme me fait aujourd'hui tourner la tête. Evidemment, c'est la comparaison avec Mme de Staël qui cause tout cela. Le contraste entre son impétuosité, son égoïsme, sa constante occupation d'elle-même et la douceur, le calme, l'humble et modeste manière d'être de Charlotte, me rend celle-ci mille fois plus chère. Je suis las de l'homme femme dont la main de fer m'enchaine depuis dix ans, quand j'ai une femme vraiment femme qui m'enivre et m'enchante. Si je peux l'épouser, je n'hésite plus«. ¹)

Auch war, derselben Quelle zufolge, im Jahre 1806 seine Gemütsstimmung eine vollkommen ruhige, und in Bezug auf Frau v. Staël geradezu gleichgiltige, so dass sie schlecht zu dem erregten Tone passt, in welchem „Adolphe" abgefasst ist.²)

Viel eher entspricht die Stimmung des Buches der Gemütsverfassung, in der sich Constant offenbar gegen das Ende des Jahres 1807 anlässlich der schweren Krankheit, welche Charlotte befallen hat, befand.³) „*Je trouve Charlotte très mal. Elle a le délire, elle a frémi à ma voix, et s'est écriée: „C'est l'homme qui me tue.*" *Je me jette aux pieds de la Providence pour lui demander pardon de mes criminelles folies et la force de sortir de cette affreuse position . . .*" „*Après quelques jours de souffrance et d'angoisse Charlotte a repris courage et confiance en moi, mon bonheur est assuré.*" ⁴)

Endlich findet man eine merkwürdige Uebereinstimmung der Wirkung des Briefes, den Rosalie an Benj. Constant im Jahre 1809 schreibt (vgl. Menos, S. 48), mit derjenigen, die der Brief des Baron T. im „Adolphe" hervorbringt. Aus der Zusammenstellung dieser verschiedenen Daten möchte ich den Schluss ziehen, dass, wenn das

---

¹) Vgl. *Revue Internationale (Journal intime) 1887*. S. 636.
²) Vgl. *Revue Internationale (Journal intime) 1887*, S. 631:
„*Mon père étant tombé malade, je passe par Dôle et j'y suis retenu quelques jours. Mon père est avec moi doux et affectueux; cela me fait du bien. Mais une lettre de Madame de Staël vient m'y chercher. Tous les volcans sont moins flamboyants qu'elle. Qu'y faire? La lutte me fatigue, couchons-nous dans la barque et dormons au milieu de la tempête.*"
Ebendaselbst S. 631: „*Je reçois une lettre de Mme. de Staël. C'est l'éboulement de l'univers entier et le mouvement du chaos. Et cependant, avec ses défauts, elle est pour moi supérieure à tout. Je suis dans l'incertitude sur tout, comme un vaisseau battu par deux tempêtes différentes.*"
³) *Revue Internationale (Journal intime) 1887*, S. 641.
⁴) Vgl. „Adolphe", S. 164: „*Je m'approchai d'elle (Ellénore): elle me regarda sans me reconnaître. Je lui parlai: elle tressaillit. Quel est ce bruit s'écria-t-elle; c'est la voix qui m'a fait du mal. Le médecin remarqua que ma présence ajoutait à son délire, et me conjura de m'éloigner. Comment peindre ce que j'éprouvai pendant trois longues heures? Le médecin sortit enfin. Ellénore était tombée dans un profond assoupissement. Il ne désespérait pas de la sauver, si, à son réveil, la fièvre était calmée.*"

Jahr 1806 als Entstehungsjahr für „Adolphe" gelten soll, mindestens
zugegeben werden muss, dass der Roman im Jahre 1809 wesentliche
Zusätze und Abänderungen erfahren hat.

Dass die Heldin des Romans Ellénore wesentlich ein Phantasiegebilde, allerdings mit realistischem Hintergrunde, ist, geht nicht
nur aus ihrem Charakter selbst deutlich hervor, sondern wird auch
ausdrücklich von Benj. Constant bestätigt.[1]) Es darf deshalb nicht
Wunder nehmen, dass man ausser Frau v. Staël und Frau v. Hardenberg eine Frau Lindsay darin hat erkennen wollen, zu der B. Constant kurze Zeit lang heftige Neigung bekundete. Die letztere Auffassung ist irrtümlich. Rosalie schreibt in einem Briefe an ihren
Bruder Charles (12. Juli 1816. Menos, S. 60—61): *„Tu comprends
que la fable Lindsay a été inventée à Coppet."*[2]) Mir scheint, dass
schon ein kurzer Vergleich der Lebensschicksale Ellénores mit denjenigen der Frau v. Staël genügt, um darzuthun, dass sie und keine
andere das Vorbild zu Ellénore geliefert hat. Gleich Ellénore ist
Frau v. Staël Mutter zweier Kinder, die sie innig liebt, und für
deren Erziehung sie ängstlich sorgt. Gleich ihr trennt sie sich von
dem ungeliebten Manne, um der Wahl ihres Herzens mit Hintan-
setzung aller persönlichen Vorteile folgen zu können. Auch die Art
und Weise, wie Adolf Ellénore kennen lernt, ist eine getreue
Wiedergabe der Art, wie sich die Bekanntschaft zwischen Constant
und Frau v. Staël entwickelt hat. Die ältere Frau sieht den jüngeren,
geistreichen Mann zuerst in ihrem Salon. Das Gefallen, das sie an
einander finden, ist rein geistiger Natur. Ferner stimmt die un-
erbittliche Art, wie sich Adolfs Vater dem Verhältnis zu Ellénore
widersetzt, vollständig überein mit den Erfahrungen, die Constant
in dieser Beziehung zu machen hatte. Endlich ist der Tod des

---

[1]) Vgl. oben S. 45, A. 5, wo das ganze Citat, auf welches ich mich
berufe, angeführt wird.

[2]) Vgl. S. 15 A. 1. dieser Arbeit und noch Constants Handschriften
(Charles de Constant à Rosalie, den 1. Juli 1816): *Quand on pense que Benjamin fait un portrait aussi vrai de son
père et d'une amie (Mme de Charrière) dont il devrait respecter la mémoire
par décense et le tout pour soutenir sa réputation d'homme d'esprit, célé-
brité qu'il ambitionne et dont il jouit. Adolphe lui aura fait du chagrin,
chère Rose, encore plus qu'à moi dont il a excité l'indignation. Les portraits
sont si bien faits qu'il n'y a personne qui ait connu les originaux qui ne
les reconnaisse. Il s'est bien gardé dans son cynisme de les flatter.
J'apprends qu'on le loue beaucoup à Coppet, sans doute que Madame est
fort aise qu'il se dégalonne à plaisir.*
   Rosalie à Charles, den 26. Juli 1816: *„Je ne trouve pas mauvais que Benj. ait écarté par quelques louanges
l'accusation d'avoir voulu peindre celle qui l'a dominé si longtemps. Sans
doute que l'étendue de leur esprit les mettait dans un rapport qu'ils ne
trouvent pas avec d'autres."*

Vaters in beiden Fällen von grosser Bedeutung für die weiteren Erlebnisse der beiden Frauen. Nach alledem lässt sich sicher nicht in Abrede stellen, dass Frau v. Staëls Bild dem Verfasser vorgeschwebt hat, als er „Adolphe" schuf. Die Empfindungen, die ihn selbst beherrschen, spiegeln sich in dem Romane wieder. Mit derselben Wandelbarkeit und Unbeständigkeit, von der sein Verhältnis zu Frau v. Staël so oft Zeugnis ablegt, behandelt Adolf die Geliebte; dieselbe unmännliche, nervöse Schwäche, mit der er sich bald seiner Leidenschaft hingiebt, bald bemüht ist, dieselbe zu beherrschen, kennzeichnet auch das Verhältnis Adolfs Ellénore gegenüber. Freilich empfindet man unwillkürlich, dass Ellénore an Frau v. Staël nur da erinnert, wo gewaltige Leidenschaftlichkeit, hartnäckiges Verfolgen und Festhalten am Geliebten in Frage kommen, während die geduldige, aufopferungsfähige Ellénore, deren Treue um so rührender wirkt, als sie von Adolf fast nur als peinliche Fessel empfunden wird, in uns viel eher die Erinnerung an Frau v. Hardenberg weckt. Auf Frau v. Hardenberg deuten auch die wiederholten Hinweise Adolfs auf den Mangel an geistiger Ueberlegenheit bei Ellénore, ein Mangel, der durch ihren gesunden Verstand und ihre einfache natürliche Herzlichkeit vollkommen aufgewogen wird. [1]

Ausser den Erinnerungen an Frau v. Charrière, die sich auf den ersten Seiten des Buches wiederspiegeln und dem Bilde Frau v. Staëls und Charlotte v. Hardenbergs, deren Charakterzüge in Ellénore geschildert sind, finden sich in „Adolphe" noch eine Menge anderer persönlicher Erlebnisse des Verfassers verzeichnet. Die Art und Weise wie Adolf von seinem Vater spricht, spiegelt genau das Verhältnis wieder, in dem Benj. Constant zu seinem eigenen Vater stand, ein Verhältnis, das sehr häufig der Herzlichkeit entbehrt. Wenn auch Benj. Constant stets bereit ist, seinem Vater beizustehen, sobald dieser sich in Verlegenheit befindet, so scheint er doch niemals vergessen zu können, dass es ihm an richtiger Erziehung gefehlt hat. [2] Die gleiche Abneigung, die Adolfs Vater der Geliebten

---

[1] S. „Adolphe", S. 28:
„Ellénore n'avait qu'un esprit ordinaire, mais ses idées étaient justes, ses expressions toujours simples étaient quelquefois frappantes par la noblesse et l'élévation des sentiments."

[2] Vgl. „Adolphe", S. 13: *„A peine étions-nous en présence l'un de l'autre, qu'il y avait en lui quelque chose de contraint que je ne pouvais ni expliquer, et qui réagissais sur moi d'une manièr épénible"* und weiter S. 26:
„Mon père avait pour principe, qu'un jeune homme doit éviter avec soin de faire ce qu'on appelle une folie, c'est-à-dire de contracter un engagement durable avec une personne qui ne fût pas parfaitement son égale pour la fortune, la naissance et les avantages extérieurs; mais du reste, toutes les femmes, aussi longtemps qu'il ne s'agissait pas de les épouser, lui paraissaient pouvoir, sans inconvénient, être prises, puis être quittées; et

seines Sohnes entgegenbringt, findet sich seitens Juste Constants der
Frau v. Staël gegenüber thatsächlich vor, und wir finden auf Schritt
und Tritt Beweise dafür.[1]) Die Freundin in „Adolphe" ist niemand anders als Frau v. Récamier,[2]) die im Jahre 1806 in Coppet weilte, um zwischen B. Constant
und Frau v. Staël womöglich Frieden zu stiften. Ihre Bemühungen
misslangen. Auch hier ist also der Roman das getreue Spiegelbild
persönlicher Erlebnisse des Verfassers. Ellénores Tod endlich könnte
für eine Schilderung der letzten Augenblicke von Frau v. Talma
gelten. In seinem Buche schildert B. Constant, als er Frau v. Talma
erwähnt, genau dieselben Gefühle und Empfindungen, die wir in
Adolfs Worten lesen.[3]) Aber trotz zahlreicher Anklänge an persönliche Erlebnisse hat
B. Constant in Ellénore einen Frauentypus geschaffen, der später
anderen Dichtern vielfach zum Vorbild gedient hat. Man darf also die
Schicksale Ellénores nicht als einfache Nacherzählung betrachten,
sondern muss in ihnen eine Schöpfung dichterischer Phantasie erblicken, zu der verschiedene Frauen charakteristische Hauptzüge
geliefert haben. Ellénore ist nicht wie Lotte und Julie das getreue
Abbild einer einzelnen Frau, sondern ein Typus, der wesentlich der
poetischen Gestaltungskraft des Verfassers sein Dasein verdankt.

Die bahnbrechende Bedeutung „Adolphes" beruht aber nicht
in der typischen Gestaltung dieses Frauencharakters, wohl aber darin,
dass B. Constant sich nicht wie Goethe und Rousseau darauf be-

---

*je l'avais vu sourire avec une sorte d'approbation à cette parodie d'un mot
connu: „Cela leur fait si peu de mal, et à nous tant de plaisir"*.

[1]) Vgl. „Adolphe", S. 67, 93. 115, 118, 119. Briefe Menos, S. 20,
47, 157, 182, 187, 210, 212, 330, 425, 462.

[2]) Vgl. Sismondi: *„Lettre à la comtesse d'Albany, 1816".* Vorrede
Adolfs.

[3]) Vgl. „Adolphe", S. 173:
*„Je ne rentrai qu'avec tous ses gens pour assister aux dernières et so-
lennelles prières . . . J'étais loin cependant de dédaigner ces pratiques; en
est-il une seule dont l'homme, dans son ignorance, ose prononcer l'inutilité?
Elles rendaient du calme à Ellénore; elles l'aidaient à franchir ce pas terrible
vers lequel nous avançons tous, sans qu'aucun de nous puisse prévoir, ce
qu'il doit éprouver alors."*
*„Adolphe", S. 130: „L'idée de la mort a toujours eu sur moi beau-
coup d'empire. Dans mes affections les plus vives, elle a toujours suffi à
me calmer aussitôt"* und noch S. 175, 176.
*Revue Internationale (Journal intime) 1887, S. 629: Une seule partie
de la cérémonie m'a semblé avoir quelque chose de touchant. C'est le salut
que font les prêtres en passant devant le corps et l'action de faire bénir
le cercueil par chacun des assistants. Ce salut souvent répété est une marque
de souvenir et d'adieu, qui m'a laissé une impression douce. J'éprouvais
un sentiment de reconnaissance pour ces hommes qui donnaient encore un
témoignage de respect à celle qui n'était plus.*

schränkt hat, die einfachen und natürlichen Empfindungen junger
Mädchenherzen zu schildern, sondern die Herzenskämpfe einer Frau
behandelt, die dies Leben kennt und in einem Alter steht, in dem
für gewöhnlich die Stimme der Leidenschaft verstummt. Die
schwärmerische Liebe einer Julie lässt sich auf Schritt und Tritt aus
dem Inhalt ihrer Briefe verfolgen; bedeutsam ist, dass sie aus Mangel
an Energie nie versucht, gegen ihre Leidenschaft anzukämpfen.[1]
Lotte ist das getreue Abbild eines wohl erzogenen, warmherzigen,
pflichttreuen Bürgermädchens, das für Werther herzliche Teilnahme
empfindet, Ausbrüchen seiner Leidenschaft nach Kräften wehrt und
ihn oft durch vernünftiges Zureden zu besänftigen versteht. Ellénore aber ist die Verkörperung der sich selbst marternden, unglücklichen Liebe. Sie erscheint uns deshalb sympathischer und natürlicher als Julie, weil ihr sehr viel von der Innigkeit und Auf-
opferungsfähigkeit Charlottes innewohnt. Julie und Lotte sind beide
jung und ohne Lebenserfahrung, voll blinden Vertrauens in den Geliebten. Sie sind, wie Brandes S. 104 sagt, „treu aus Instinkt, sie
begreifen nicht, dass man anders sein könnte. Sie haben keine
Moralität, aber alle Tugenden, denn man ist Moralist von Bewusstsein, aber gut von Natur". Dagegen hat Ellénore schon geliebt, sie
ist kein junges unerfahrenes Mädchen mehr, sie ist Weib und
Mutter und in dem Alter, in dem eine Leidenschaft viel ge-
fährlicher ist, weil der Zauber der Persönlichkeit bald entflieht.
Was Ellénore besonders an Adolf fesselt, ist seine Jugend und die
Ueberzeugung, dass durch diese Liebe sie wieder jung werden könnte.[2]
In seiner Emigrantenlitteratur hat Brandes (S. 105, 106) die verschiedenen Züge angeführt, die den Charakter dieser Frau ausmachen.
Ich beschränke mich darauf, das anzuführen, wodurch sich ihm zufolge Ellénore von Julie und Charlotte unterscheidet. Ellénore hat
erstens Erfahrung (Brandes S. 105), denn Adolf ist nicht ihre
erste Liebe, und der Kampf um ihre gesellschaftliche Stellung bereitet ihr viele bittere Stunden.[3] Ferner ist Ellénore ein sehr
energisches Weib, und ihre Willenskraft wird ununterbrochen gestählt
durch ihren Wunsch, sich wieder eine ehrenhafte Stellung in der
Gesellschaft zu erringen. Beides findet sich im „Adolphe" in folgenden Worten klar ausgesprochen (S. 74): „*J'ai suivi cet homme dans la
proscription, j'ai sauvé sa fortune, je l'ai servi dans tous ses intérêts. L'opinion publique n'a jamais été juste pour moi. J'ai rempli dix ans mes devoirs
mieux qu'aucune femme, et cette opinion ne m'a pas moins repoussée du rang
que je méritais.*" Endlich ist Ellénores Zuneigung zu Adolf voll-

---

[1] Brandes: *Emigrantenlitteratur*, S. 104—109.
[2] Vgl. *Revue des deux Mondes, 1832*, S. 352.
[3] Vgl. „Adolphe", S. 30: „*Ellénore en un mot était en lutte constante
avec sa destinée.*"

kommen treu und aufrichtig und wächst umsomehr, je kühler und
abweisender Adolf sich ihr gegenüber verhält. Ihre Neigung für
ihn erinnert nicht nur an das zärtliche Weib, sondern an die treue
Fürsorge einer Schwester oder einer Mutter.[1] „Diese ganze poten-
zierte Leidenschaft," sagt Brandes (S. 106), „ist der dritte hervortretende Charakterzug Ellénores." Die obengenannten charakteristi-
schen Merkmale Ellénores sind umso trefflicher dargestellt, da der
Dichter gerade für sie kein besseres Urbild finden konnte als eben
Frau v. Staël, die nicht nur als Schriftstellerin sich bereits mit ähn-
lichen Problemen beschäftigt hatte, sondern auch ihrer ganzen Natur
zufolge das beste Vorbild für einen solchen Charakter abgab, so dass
die folgenden Worte, die Ellénore während ihrer Krankheit zu Adolf
sagt: *„L'amour est toute ma vie, il ne pouvait être la vôtre"* (Adolphe
S. 166) ausdrücklich für sie geschrieben zu sein scheinen.

Wenn sich in Ellénore verschiedene Frauengestalten, denen
Constant auf seinem Lebensweg begegnet ist, zu einem harmonischen
Typus verschmolzen finden,[2] und es somit ausgeschlossen bleibt, in
der Heldin des „Adolphe" ein Portrait zu erblicken, so muss anderer-
seits zugegeben werden, dass Adolf selbst das getreue Abbild Benj.
Constants ist, und sowohl in seinen Lebenserfahrungen, als auch in
seiner Eigentümlichkeit sich mit diesem deckt. Sowohl Adolf, als
B. Constant sind das Produkt ihrer Erziehung. Beide haben ihre
Mutter nie gekannt; denn Adolf thut derselben mit keiner Silbe
Erwähnung, und von B. Constant wissen wir, dass ihr seine Geburt
das Leben gekostet hat. Das köstliche Gut des Kindes, das Lächeln
einer Mutter, ihre zarte, selbstlose Hingabe, und die daraus not-
wendiger Weise sich ergebende Einwirkung auf die Bildung des
Gemütes hat also beiden gefehlt.[3] Dazu kommt noch, dass auch

---

[1] Vgl. „Adolphe", S. 170: „Un seul sentiment ne varia jamais dans
le coeur d'Ellénore, ce fut sa tendresse pour moi."
[2] Constants Handschriften (Rosalie à Charles, den 19. Juli 1816):
„Je crois qu'il y a un mauvais sentiment à chercher des applications
à tout ce qu'il contient. Un auteur qui veut écrire un roman doit pour
rendre le tableau vrai chercher en lui-même les impressions et les replis du
cœur humain; puis, pour le rendre pittoresque, il doit arranger les circonstances et changer ce qui nuirait à l'effet. On ne doit donc y chercher
que la vérité idéale et les applications peuvent devenir calomnieuses."
Vgl. *Revue Internationale (Journal intime) 1887*, S. 635 (siehe dazu
S. 45, A. 5 dieser Arbeit).
[3] Vgl. Menos, S. 60. Rosalie schreibt darüber:
Que n'aurait-il pas été si son éducation avait été dirigée par un
père et une mère chrétiens! Qu'il était facile d'exciter en lui l'enthousiasme du bien, la passion de l'ordre ainsi que des habitudes:
Vgl. noch darüber Sainte-Beuve, *Revue des deux Mondes (1 novembre
1845)*, S. 483, 485, und S. 16, 44 dieser Arbeit; ausserdem Constants Handschriften (Rosalie à Charles, den 19. Juli 1816):
„Vois ce que m'écrit une personne fort délicate et qui tient de près

der Vater wenig geeignet erscheint, die gemütliche Seite des heranwachsenden Knaben auszubilden. J. Constant ist offenbar nach allem, was wir über ihn wissen, eine dem Vater Adolfs sehr verwandte Natur in Bezug auf geistreiche Frivolität und leichtfertige, moralische Lebensauffassung. Es ist ein wenig erfreuliches Bild, das sich vor uns aufrollt, wenn wir den sittlichen Wert dieses Mannes an der Hand seiner Handlungsweise prüfen. Seine leichtfertige Auffassung des Verkehrs mit den Frauen zeigt sich nicht nur darin, dass er in intimem Verkehr mit Marianne, seinem Dienstmädchen, steht, sondern auch darin, wie er im allgemeinen denkt und spricht. Dieselben Züge finden sich in Adolfs Vater verkörpert. Wie unheilvoll ein solcher Einfluss für den heranwachsenden Knaben, über den das Mutterauge nie gewacht hat, werden musste, bedarf keiner Worte. Fügt man hinzu, dass Benj. Constant ein von der Natur freigebig ausgestatteter Jüngling war, und dass er sich keineswegs über den Eindruck, den sein physischer und geistiger Mensch hervorzubringen pflegte, im unklaren befand, so begreift man ohne Mühe, dass masslose Eitelkeit, der Grundzug seines Charakters, die Triebfeder seiner Handlungen werden musste. Diese Eitelkeit zeigt sich schon in grellem Lichte in dem Briefwechsel, den er von England aus mit Frau v. Charrière führt; sie verhindert ihn zu begreifen, wie unpassend es ist, wenn er der älteren Freundin seine galanten Abenteuer schildert. Sie tritt noch greller hervor während seines Aufenthaltes in Braunschweig, und die herausfordernde Form, die sie hier annimmt, erklärt sich daraus, dass sein hochtrabender Sinn wenig Gelegenheit findet, sich Genüge zu thun.[1]) Diese Eitelkeit finden wir im Adolf verkörpert;[2]) er hat auch Erfolge davon getragen, als er sich in dem Städtchen D. einschliesst, um die Eroberung Ellénores zu machen. Man kann sogar behaupten, dass hauptsächlich Eitelkeit ihn veranlasste, bei ihr zu bleiben bis zu

---

à Benj. *Je crois qu'on admire la profondeur et la justesse des pensées, c'est dans la manière dont elles sont exprimées qu'on reconnaît la moralité qui en résulte. Ah! je le répète; s'il avait été bien élevé, si son éducation si soignée pour le développement de l'esprit avait mis dans son âme ce que l'expérience lui a appris trop tard, il aurait été un homme aussi distingué par ses vertus que par ses talents. Il rend hommage à la générosité et à la bonté de son père tout en faisant bien sentir ses erreurs en éducation. C'est pour moi une nouvelle preuve de ce que j'ai toujours pensé, qu'on ne peut trop répéter aux enfants, ce qui doit faire la règle de leur vie, développer les sentiments religieux qui doivent les soutenir, les retenir enfin, que l'éducation fait au moins la moitié du sort de la vie.*

[1]) Vgl. *Revue Suisse*, Série IV, Bd. 8, S. 276. Siehe noch S. 19 dieser Arbeit.

[2]) Vgl. „Adolphe", S. 25: „*Un nouveau besoin se fit sentir au fond de mon cœur. Il y avait dans ce besoin beaucoup de vanité sans doute.*"
— (S. 31): „*Offerte à mes regards dans un moment où mon cœur avait*

ihrem Tode,[1]) trotzdem jedes wärmere Gefühl für die Unglückliche
längst in ihm erstorben ist. Man kann die Empfindung nicht loswerden, dass Adolf hauptsächlich deshalb nicht von Ellénore lassen
will, um dem väterlichen Wunsche zu trotzen. So fühlt sich auch
B. Constant hauptsächlich wieder zu Frau v. Staël hingezogen, weil
sein Vater und seine Familie lebhaft gegen dieses Verhältnis pro-
testierten.[2]) Am meisten aber kettet ihn an diese Frau der Umstand, dass er in ihrem Salon durch seinen Witz glänzt, und man
darf wohl behaupten, dass ihre Verbindung ein viel früheres Ende
genommen haben würde, wäre Frau v. Staël nur Weib und nicht
Schriftstellerin und Politikerin gewesen. Eitelkeit endlich ist es,
was im Jahre 1804 den 47jährigen Constant veranlasste, der 37-
jährigen Frau v. Récamier[3]) den Hof zu machen. Sie veranlasste
ihn plötzlich, seine frühere politische Ueberzeugung aufzugeben, so
dass er trotz aller Abweisungen, die er erfährt, sich zum Verteidiger
einer Partei aufwirft, die zu verfolgen, bisher seine Lebensaufgabe
gewesen ist.[4]) Dieselbe grenzenlose Charakterschwäche, die er in
Bezug auf Napoleon in politischer Hinsicht zeigt, kennzeichnet seine
Handlungsweise im allgemeinen. Indess vermag Eitelkeit allein die
Inconsequenzen Constants und Adolfs nicht zu erklären. Selbstsucht[5])
und hochgradige Empfindsamkeit, die man jetzt als Nervosität bezeichnen würde,[6]) spielen mit Eitelkeit im Bunde eine wesentliche
Rolle dabei.

---

*besoin d'amour, ma vanité de succès, Ellénore me parut une conquête digne
de moi."*
   [1]) „Adolphe", S. 117: „*Tel homme qui pense de bonne foi s'immoler
au désespoir qu'il a causé, ne se sacrifie dans le fond qu'aux illusions de
sa propre vanité.*"
   [2]) „Adolphe". S. 100: „*J'aurais mieux aimé des reproches, des me-
naces, j'aurais mis quelque gloire à résister, et j'aurais senti la nécessité
de rassembler mes forces pour défendre Ellénore*", und S. 28 dieser Arbeit.
   [3]) Mᵐᵉ de Récamier (Juliette Bernard) 1777 zu Lyon geboren. Vgl.
Souvenirs biographiques de Mᵐᵉ de R. et Mᵐᵉ de Staël, publiés par le baron
de Gerando, S. 91.
   [4]) Vgl. Menos, S. 56.
   [5]) Vgl. Faguet (*Revue des deux Mondes, 1888*, S. 603): *Il était égoïste,
égoïste très distingué, point niaisement, point bassement, comme ceux qui
se croient meilleurs que lui . . . , personnel si l'on veut plutôt qu'égoïste.*
   [6]) In seinem Tagebuch (*Revue Internationale (Journal intime) janvier
1887, S. 220*) erklärt uns Benj. Constant seine Empfindsamkeit folgender
Weise: „*On me querelle sur mon peu de sensibilité! Non, je n'ai pas peu
de sensibilité, mais elle est susceptible et jamais celle des autres ne lui
convient parfaitement. Elle me parait toujours trop lourde ou trop légère
et me heurte. Je n'y trouve rien de juste ni de très profond; je n'y vois
qu'un moyen de me débarrasser de ma douleur, qui me parait ignoble.
En un mot ma sensibilité est toujours blessée de la démonstration de celle
des autres.*" Vgl. noch S. 109, 211, 430.
   In seinen Briefen Menos, S. 375: „*Mais il y a pourtant dans une*

Jedenfalls fehlt Constant wie Adolf der Mut, das für gut und richtig Erkannte zur That zu machen. Beiden fehlt auch die klare Erkenntnis, dass sie durch ihre inconsequente Handlungsweise und durch ihre schwachherzige Nachgiebigkeit ihre Opfer mehr quälen, als es der grausamste Bruch zu thun vermöchte. Beide glauben sich zu ihrer Handlungsweise aus Schonung für die einstige Geliebte verpflichtet, während sie doch in Wirklichkeit sich nur als launenhafte Schwächlinge und rücksichtslose Selbstlinge erweisen. [1]) Von dieser Grausamkeit scheint offenbar der egoistische Adolf gar keine Ahnung zu haben, wenn er die Worte ausspricht:

liaison de 15 années quelque chose qui creuse dans le cœur, et je n'aurais pas une grande opinion de sensibilité de celui qui pourrait affliger une amie aussi ancienne, eût-il même à s'en plaindre, et qui se consolerait par la convenance de la douleur qu'il causerait," und noch S. 188, 191, 249, **303, 357.**

Siehe „Adolphe", S. 15: „*Je portais au fond de mon cœur un besoin de sensibilité dont je ne m'apercevais pas, mais qui, ne trouvant point à me satisfaire, me détachait successivement de tous les objets qui tour à tour attiraient ma curiosité.*‘

S. 124: „*Cette sensibilité que l'on méconnait, parce qu'elle est souffrante et froissée, cette sensibilité dont on exige impérieusement des témoignages que mon cœur refuse à l'emportement et à la menace, qu'il me serait doux de m'y livrer avec l'être chéri, compagnon d'une vie régulière et respectée*‘?

S. 183: „*S'il vous faut des preuves, Monsieur, lisez ces lettres qui vous instruiront du sort d'Adolphe. Vous le verrez dans bien des circonstances diverses et toujours la victime de ce mélange d'égoïsme et de sensibilité, qui se combinait en lui pour son malheur et celui des autres.*"

[1]) Vgl. „Adolphe", S. 70: „*Ah! je voulais être plus doux plus tendre avec elle, pour conserver son amitié.*"

S. 77: „*Je n'eus en un mot d'autre pensée que de chasser loin d'elle toute peine, toute crainte, tout regret, toute incertitude sur mon sentiment. Pendant que je lui parlais, je n'envisageais rien au-delà du but, j'étais sincère dans mes promesses.*"

Seite 86: „*Il y a dans les liaisons qui se prolongent quelque chose de si profond. Elle deviennent à notre insu une partie si intime de notre existence! Nous formons de loin, avec calme, la résolution de les rompre, nous croyons attendre avec impatience l'époque de l'exécuter; mais quand ce moment arrive, il nous remplit de terreur; et telle est la bizarrerie de notre cœur misérable, que nous quittons avec un déchirement horrible ceux près de qui nous demeurions sans plaisir.*"

Vgl. Menos, S. 197: „*De tout ce que je respecte sur la terre c'est la douleur, et je veux mourir sans avoir à me reprocher de l'avoir bravée*".

S. 224: „*Je ne puis ouvrir mon âme à un projet de ce genre, tandis que je suis forcé de faire (par son mariage) du mal à une amie de 13 ans, à une amie pleine de qualités que ses injustices ne me font point méconnaître.*"

S. 250: „*Je suis convaincu que la véritable moralité est d'épargner le plus que l'on peut de la douleur, et que c'est un devoir de sacrifier à ce but non seulement son propre bonheur, mais même jusqu'à un certain degré les apparences de l'opinion.*"

Vgl. noch *Revue Internationale (Journal intime) 1887,* S. 440.

(„Adolphe" S. 79): *„Je suis convaincu que si j'avais eu de l'a-mour pour Ellénore, j'aurais ramené l'opinion sur elle et sur moi. Telle est la force d'un sentiment vrai, que, lorsqu'il parle, les inter-prétations fausses et les convenances factives se taisent. Mais je n'étais qu'un homme faible, reconnaissant et dominé; je n'étais soutenu par aucune impulsion qui partit du cœur."* Auch hatte Benj. Constant dieselben Gefühle, als Frau v. Staël ihren Vater verlor, und hätte er damals mehr Entschlossenheit gezeigt, so hätten die beiden durch seine zweideutige Haltung nicht so viel darunter gelitten.[1]) Erst später versucht Adolf sein Verhalten zu entschuldigen mit den kühlen Worten (S. 152): *„De la sorte et par cela seul que j'avais un sentiment caché, je trompais plus ou moins tout le monde: . . . Cette duplicité était fort éloignée de mon caractère naturel; mais l'homme se déprave dès qu'il a dans le cœur une seule pensée qu'il est con-stamment forcé de dissimuler"* und Constant schreibt (Menos, 313) an die Gräfin v. Nassau: *„Je me suis mis par ma faiblesse dans une grande perplexité; mais grâce au ciel il y a nécessité d'en sortir."* (S. 251): *„Je sens parfaitement que si l'on connaissait mes doubles relations, on me reprocherait une sorte de duplicité, mais quand la vérité ne fait que du mal, il y a plus d'orgueil que de devoir à la dire."* [2])

Trotz seiner Selbstsucht, trotz seiner Empfindsamkeit,[3]) trotz seiner unmännlichen Schwäche zaudert man, den Stab über Constant zu brechen, weil man aus jeder Zeile seines „Adolphe" und aus vielen Stellen des Tagebuches herausliest, wie tief unglücklich ein Mann sich oft gefühlt haben muss, der durch seine Lebensstellung, durch seine geistige Begabung wohl berufen gewesen wäre, sein Leben zu einem ehrenvollen und glücklichen zu gestalten. Man entschuldigt ihn um so lieber, wenn man bedenkt, wie freudlos seine Jugendjahre gewesen sind, und wie teuer er den Einblick in mensch-liches Fühlen und Empfinden bezahlen musste. Dass er viel gelitten hat, davon legt sein „Adolphe" ein beredtes Zeugnis ab. *„C'est un*

---

[1]) Vgl. Sorel, S. 115; Menos. S. 197, 198; Constants Handschriften (Rosalie à Charles, le 3 nov. 1807): *„Je regrette beaucoup les expressions de ta colère sur l'affaire de la célèbre, mais je suis fâchée de voir que tu englobes Benjamin au même degré dans ton indignation. Cela est injuste; quoique sa faiblesse mérite le blâme, elle tient en partie à une certaine humanité et de tristesse vis-à-vis d'elle qui l'aveugle sur ce qu'il doit à lui-même. C'est cette générosité de sentiments, cette pureté de motifs que j'ai cru voir en 'lui qui m'a interessé à lui et qui a fait que je le plains."*

[2]) Vgl. Menos, S. 265, 269, 296, 307, 314, 332, 369, 364, 387, wo Constant versucht, seine Lage zu rechtfertigen.

[3]) Vgl. Revue des deux Mondes, 1845, le 1er nov.: Revue Inter-nationale (Journal intime) 1887, S. 109.

*martyre que de souffrir ce qu'il faut souffrir pour s'arracher des en-
trailles Adolphe ou Manon.* [1])

Die Verwandtschaft Adolfs mit der neuen Héloïse, Werther,
Obermann und René wird bedingt durch die allen diesen Werken
gemeinschaftliche Schilderung der Empfindungen eines überreizten
Gemüts, das sich gegen allgemeine gesellschaftliche Vorschriften auf-
bäumt und geneigt ist, in ihnen nichts als Vorurteile zu erblicken
und sich deshalb im fortwährenden Kampfe mit ihnen befindet. Was
„Adolphe" von den übrigen Romanen unterscheidet, ist der Umstand,
dass es Constant gelungen ist, seinen Helden so auszustatten, dass
derselbe nicht als Einzelwesen, sondern als Typus einer ganzen
Menschenklasse gelten muss. Saint-Preux ist ein Schwärmer, wie
er wohl vereinzelt im Leben vorkommen kann, keinesfalls aber als
regelmässig oder auch nur zeitweilig wiederkehrende Gestalt erscheint. Wir können die Empfindung nicht loswerden, dass wir in
Saint-Preux, wenn nicht ein reines Phantasiegebilde des Dichters,
so doch eine im Leben nur äusserst selten vorkommende Erscheinung
vor uns haben. Goethes Werther ist weit mehr als Saint-Preux
eine Gestalt aus Fleisch und Blut, dafür bürgt schon der ungeheure
Einfluss, den er auf seine Zeitgenossen geübt hat; wenn auch die
Neigung Werthers zur Schwermut als echt menschliche Empfindung,
und somit als typisch gelten kann, so ist doch die Natur seines
Verhältnisses zu Lotte, besonders aber das traurige Ende des Helden
ein so ungewöhnliches, dass der Leser nicht umhin kann zu empfinden, dass er es hier mit einer Ausnahmeerscheinung zu thun
hat. [2]) Noch mehr stehen Obermann und René als Vertreter jener
Schwermut und inneren Zerrissenheit da, die die Krankheit ihrer
Zeit bildet. In Adolf finden sich Saint-Preux' Unentschlossenheit,
Werthers Schwermut, Obermanns Lebensüberdruss, Renés schwärmeri-
sches Empfinden vereinigt. Diese sonderbare Mischung von Gefühlen
ist es, was Adolf zum berufenen Vertreter aller derjenigen macht,
die schon in früherer Jugend alle menschlichen Leidenschaften durch-
gekostet haben, die ohne inneren Halt allen Eingebungen des Augen-
blicks folgen, die, weil sie keine Kraft und keine Selbstbeherrschung
besitzen, fortwährend mit sich zerfallen sind, und die Zahl dieser
Unglücklichen ist Legion. [3])

Vergleicht man die obengenannten Werke einzeln mit „Adolphe",
so ergeben sich sehr wesentliche Unterschiede. Von Saint-Preux

---

[1]) Paul Bourget: „*Mensonges*", S. 515.
[2]) Vgl. *Revue des deux Mondes, 15 août 1855*, S. 336, Montégut
sagt darüber mit Recht: „*Werther est bien un type vrai et vivant . . .
C'est un type de transition et il ne cessera d'être vrai que lorsque la transition aura cessé*", und noch S. 339.
[3]) Vgl. *Revue des deux Mondes, avril 1834*, S. 347.

unterscheidet sich „Adolphe" nicht nur durch die Form, sondern
auch durch den Charakter der Helden und durch die Handlung.
Nicht mit Unrecht bezeichnet Brandes den Roman Constants als
einen weiblichen Werther. [1]) In Werther ist der Mann krank, elend,
verzweifelt, während die geistig und körperlich gleich gesunde Lotte
uns anmutig berührt. In Adolphe dagegen ist es Ellénore, die sich
aufreibt in vergeblichem Ringen nach einer Liebe, deren Leidenschaftlichkeit unerwidert bleibt. Die Schilderung der Liebesglut
Werthers wird vom „Morgenrot der Illusionen" [2]) beleuchtet. Ellénores Liebe dagegen gleicht der scheidenden Sonne, die sich vergeblich abmüht, das finstere Gewölk zu durchbrechen, das immer
dichter und dichter sich zusammenzieht. Von Obermann unterscheidet
sich Adolphe wesentlich durch die kalte Berechnung, mit der jener
die Consequenzen seiner pessimistischen Weltanschauung und seiner
Philosophie zieht. Bei René macht sich der wohlthätige Einfluss, den
die Einsamkeit einer grossartigen Natur auf ein krankes Gemüt übt,
geltend. Halb getröstet, obgleich noch nicht ganz geheilt, kehrt
der melancholische René zurück, während bei Adolf der Einfluss
der Natur sehr gering ist, und wir verlassen ihn in Verzweifelung
und Reue an der Leiche Ellénores. [3])

Erich Schmidt hat in einem Kapitel „Die Natur" seiner Arbeit
Richardson, Rousseau und Goethe eine tief empfundene Beleuch-
tung der Eindrücke gegeben, welche die Natur auf Saint-Preux und
Werther hervorbringt. An der Hand zahlreicher Citate weist er
nach, wie verschiedenartig die Eindrücke derselben auf die beiden
gewirkt haben. In ganz ähnlicher Weise liesse sich auch bei Obermann und René nachweisen, dass die inneren Empfindungen der
Helden dieser Romane in unmittelbarem Zusammenhang mit den Eindrücken zu stehen pflegen, die sie im Verkehr mit der Natur empfangen, dass aber doch bei jedem die Natur dieser Eindrücke
wiederum durchaus eigenartig ist. Wesentlich anders verhält sich
in dieser Beziehung Adolf.

Zu den prächtigsten Stellen der neuen Héloïse gehören die
beredten Schilderungen, in denen Rousseau die Schönheiten des
Genfersees und seiner malerischen Umgebung feiert, und es unter-
liegt keinem Zweifel, dass ihnen ein wesentlicher Anteil an dem
Erfolge des Buches überhaupt zuerkannt werden muss. Wir überzeugen uns auch zu wiederholten Malen, dass das harmonische

---

[1]) Vgl. Brandes: *Emigrantenlitteratur*, S. 98.
[2]) Vgl. Brandes: *Emigrantenlitteratur*, S. 97.
[3]) Vgl. Rossel II, S. 325: „*René est un héros mélancolique de légende
sentimentale, un Chateaubriand ossianique admirablement éloquent. Adolphe
est une créature de chair et d'os, dont nous voyons couler le sang et les
larmes. René est sublime. Adolphe est vrai.*"

Walten der Natur besänftigend und lindernd auf das aufgeregte Gemüt Saint-Preux' wirkt, und dass er am liebsten in tiefer Ein-samkeit den nagenden Schmerz im Innern zu übertäuben pflegt.[1]) Wie schön empfunden sind ferner die Worte, in denen er schildert, wie mächtig die äussere Umgebung nach jahrelanger Trennung dazu beigetragen hat, die Erinnerungen an vergangene Zeit wieder auf-zufrischen. *En les revoyant moi-même après si longtemps, j'éprouvai combien la présence des objets peut ranimer puissamment les sentiments violents dont on fut agité près d'eux.*[2])

Unbewusster, aber tiefer noch als bei Saint-Preux ist der Ein-fluss der Natur auf Werther. Mit dem sprossenden Grün, mit dem ersten Vogelgezwitscher bemächtigt sich seiner die leidenschaftliche Liebe, die mit dem fallenden Laub schon zu düsterer Schwermut sich entwickelt hat, und ihm in den rauhen Frosttagen des Winters die Pistole in die Hand drückt. Gleich mildem Frühlingssäuseln muten uns die Worte an, die er unterm 10. Mai niederschreibt (S. 8): „Mein Freund, wenns dann um meine Augen dämmert, und die Welt um mich her und der Himmel ganz in meiner Seele ruhen wie die Gestalt einer Geliebten.“ Wie heisse Sommerglut weht es uns an, wenn wir, nachdem Werther in gewaltigen Worten die er-habenen Eindrücke geschildert hat, die das glühende Leben der Natur in seiner Seele wachgerufen haben, am Schlusse des Briefes (18. August) die Worte lesen (S. 46): „Mir untergräbt das Herz die verzehrende Kraft, die in all der Natur verborgen liegt, die nichts gebildet hat, das nicht seinen Nachbar, nicht sich selbst zerstörte. Und so taumle ich beängstigt, Himmel und Erde und ihre webenden Kräfte um mich her: ich sehe nichts, als ein ewig verschlingendes, ewig wieder-käuendes Ungeheuer.“ Dagegen erinnert au die Schwermut eines Herbsttages das, was er unterm 7. September (S. 67) über das fallende Laub und die gelb gewordeñen Blätter schreibt: „Ja es ist so, wie die Natur sich zum Herbste neigt, wird es Herbst in mir und um mich her.“ Von unheimlicher Vorbedeutung wird man erfasst bei der Schilderung, die er unterm 12. December (S. 86) macht: „Und wenn dann der Mond wieder hervortrat und über der schwarzen Wolke ruhte, und vor mir hinaus die Flut in fürchterlich herrlichem Wieder-schein rollte und klang, da überfiel mich ein Schauer, und wieder ein Sehnen! Ach, mit offenen Armen stand ich gegen den Abgrund und atmete hinab, hinab! und verlor mich in der Wonne, meine

---

[1]) *Nouvelle Héloïse*, Ière Partie, Lettre 23, S. 166; IVème Partie, Lettre 11. S. 450; Ière Partie, Lettre 26, S. 175.
Schmidt: *Richardson, Rousseau und Goethe,* S. 177.
[2]) *Nouvelle Héloïse,* IVème Partie, Lettre 27, S. 478.

Qualen, meine Leiden da hinab zu stürmen! dahin zu brausen wie
die Wellen!"

Aus diesen Citaten ergiebt sich deutlich, dass man bei Saint-
Preux vergeblich die Ursprünglichkeit der Empfindung, die innere
Wärme des Gefühls suchen würde, die uns aus Werthers Worten
entgegenbraust; auch da, wo seine Schilderungen an das Erhabene
streifen, verlässt uns keinen Augenblick das Gefühl, dass wir es mit
echter unverfälschter Natur zu thun haben. Besonders tief und
innig sind die Empfindungen, die das bleiche Licht des Mondes, die
tiefe Stille der Nacht in Werthers Herzen wachzurufen pflegt.[1]
In dieser Gefühlsinnigkeit dürfte auch die Erklärung für den gewaltigen Einfluss Werthers zu suchen sein, den Frau v. Staël mit
diesen Worten schildert:[2] „*Werther avait tellement mis en vogue les
sentiments exaltés, que presque personne n'eût osé se montrer sec et froid,
quand même on aurait eu ce caractère naturellement. De là cet enthousiasme obligé pour la lune, les forêts, la campagne et la solitude!*"

In Obermann verspürt man etwas von dem „*enthousiasme
obligé*", von dem Frau v. Staël spricht. Obermann vereinigt gewisser-
massen die Rhetorik Rousseaus mit der Poesie Werthers, dazu gesellt sich bereits in starken Dosen der Pessimismus, der später im
„Adolphe" allein in den Vordergrund tritt. Obermann schildert die
Eindrücke, die er beim Anblick der Natur empfindet, mit beredten
Worten, aber diese Empfindungen erwecken in seiner Brust Betrachtungen, die wir bei Werther und Saint-Preux vergeblich suchen.
Nicht nur die eigene Jugend, sondern auch die Jugend des ganzen
Menschengeschlechtes wirft durch seinen Mund die Frage auf: „Was
will ich? Wozu lebe ich?" Daran knüpft er Betrachtungen über
die Bestimmung und den Endzweck menschlichen Daseins:[3]

„*Temps perdus et qu'on ne saurait oublier!* . . . *J'avais besoin
de bonheur. J'étais né pour souffrir. Vous connaissez ces jours sombres,
voisins des frimas, dont l'aurore elle-même, épaississant les brumes, ne
commence la lumière que par des traits sinistres d'une couleur ardente
sur les nues amoncelées. Ce voile ténébreux, ces rafales orageuses, ces
lueurs pâles, ces sifflements à travers les arbres qui plient et frémissent,
voilà le matin de la vie: à midi des tempêtes plus froides et plus con-
tinues: le soir des ténèbres plus épaisses et la soirée de l'homme est
achevée.*"[4]

Bei René tritt das Gefühl für Naturschönheiten zurück hinter
der tiefen Schwermut, die ihn vollständig beherrscht; es bedarf ge-

[1] Vgl. Werther, S. 25, 48, 49, 100, 106.
[2] Vgl. Erich Schmidt, l. c. S. 190; *Allemagne*, III⁰ Partie, S. 494.
[3] Vgl. Obermann, S. 274.
[4] Vgl. Obermann, S. 72, und noch S. 84, 100, 272.

waltiger Eindrücke und grossartiger Scenerien, um ihn zu ergreifen.[1])
Nur selten nimmt er deshalb Gelegenheit, Eindrücke zu schildern,
die er flüchtig auf seinen Reisen empfängt. Kaum dass er am
Krater des Aetna sich ergriffen fühlt.[2]) Aber mit Werther steht
René vollständig unter dem Einflusse der ihn umgebenden Natur,
ohne sich dieses Einflusses klar bewusst zu werden. Adolfs skeptische
Lebensauffassung dagegen, sein scharf entwickelter Verstand lassen
nur wenig Raum übrig für den Einfluss der Natur. Nur ein einziges
Mal fühlt er sich ergriffen. Das ist an jenem Abend, wo Baron T.
ihm das Versprechen abgenommen hat, seinen Umgang mit Ellénore
abzubrechen, weil sie ein unübersteigliches Hindernis für alle seine
Zukunftspläne bildet. Unter dem Eindrucke dieser Worte durch-
wandert er in höchster Aufregung die Gefilde, über die die herein-
brechende Nacht bereits ihren Schleier ausbreitet. Die Gedanken
an alle Opfer, die seine Frau ihm gebracht, an den Undank, mit
dem er ihr gelohnt hat, quält und peinigt ihn, so dass er angesichts
des Schlosses umkehrt und bis zu Tagesanbruch umherirrt, ohne zu
einem Entschlusse gelangen zu können. *„Le jour s'affaiblissait; le
ciel était serein, la campagne devenait déserte: les travaux des hommes
avaient cessé, ils abandonnaient la nature à elle-même. Mes pensées
prirent graduellement une teinte plus grave et plus imposante. Les
ombres de la nuit qui s'épaisissaient à chaque instant, le vaste silence
qui m'environnait, et qui n'était interrompu que par des bruits rares
et lointains, firent succéder à mon imagination un sentiment plus calme
et plus solennel. Je promenais mes regards sur l'horizon grisâtre, dont
je n'apercevais plus les limites, et qui, par là même, me donnait en
quelque sorte le sentiment de l'immensité."* [3])
    Nicht vergessen sei, dass diese in unmittelbaren Verkehr mit

---

[1]) Vgl. René, S. 77: „*Un penchant mélancolique l'entraînait au fond
des bois; il passait seul des journées entières, et semblait sauvage parmi les
sauvages.* (S. 79): *Le matin de la vie est comme le matin du jour plein
de pureté et d'images.*"
    [2]) S. 83: „*Quoi que vous puissiez penser de René, ce tableau vous
offre l'image de son caractère et de son existence. C'est ainsi que toute ma
vie, j'ai eu devant les yeux une création à la fois immense et impercep-
tible et un abîme ouvert à mes côtés.*"
    [3]) „Adolphe", S. 127.
    Vgl. noch „Adolphe", S. 168: „*C'était par une de ces journées d'hiver
où le soleil semble éclairer tristement la campagne grisâtre, comme s'il regardait en pitié la terre qu'il a cessé de réchauffer, Ellénore me proposa
de sortir . . . Le ciel était serein, mais les arbres étaient sans feuilles,
aucun souffle n'agitait l'air, aucun oiseau ne le traversait, tout était im-
mobile, et le seul bruit qui se fît entendre était celui de l'herbe glacée qui
se brisait sous nos pas. — Comme tout est calme! me dit Ellénore: comme
la nature se résigne! le cœur ne doit-il pas apprendre à se
résigner.*"

der Natur verbrachte Nacht dem physischen und dem geistigen
Menschen gleich sehr Bedürfnis sein mochte. Wollte man Constants
Liebe zur Natur ausschliesslich nach Adolf beurteilen, so müsste man
zu dem Schluss gelangen, dass ihm dieses Gefühl beinahe ganz gefehlt habe. In seinen Briefen und in seinem Tagebuche finden wir
aber, dass er einen Teil des Jahres gern auf dem Lande verweilt:[1]
„*Je me lève avec le soleil, je renais à la nature. Tout cela est superbe
pour moi que le monde a froissé . . . mais pour une âme jeune qui
n'a rien connu, rien senti, il y aurait de quoi périr mille fois d'ennui.*

*Je trouve un vrai bonheur dans la solitude et au milieu de la
campagne triste et dépouillée avec le vent qui siffle, des nuages noirs
qui glissent dans le ciel, le gazon gris et les glaciers. La campagne
quand on la recherche pour la solitude, vaut mieux en hiver qu'en
été. En été la nature est trop virante et fait trop société.*"[2]

Bei Saint-Preux zeigt sich also der Sinn für Natur als leben-
diges Gefühl, gepaart mit dem Bedürfnis, das als schön Empfundene
auch in schönen Worten auszudrücken. Im Werther mischt sich die
lebhafte Empfindsamkeit für Naturschönheiten fast unbewusst mit
seinem ganzen Denken und Empfinden. Bei Obermann findet sich
bereits die Neigung, das Empfundene zu zergliedern, eine Neigung,
die nicht in so verstärktem Grade bei René sich wiederfindet und
bei Adolf ausschliesslich vorherrscht. Bei Rousseau erfreuen wir
uns an der Schönheit der Sprache, bei Goethe an der Wärme der
Empfindung, bei Sénancourt an der philosophischen Nutzanwendung,
bei Chateaubriand an der glänzenden Darstellungsgabe, bei Constant
an der rücksichtslosen Offenherzigkeit, mit der die geheimsten Regungen
des Herzens zergliedert werden. „Adolphe" ist also eine durchaus
eigenartige Schöpfung. Ihr besonderer Wert besteht darin, dass der
Verfasser es verstanden hat, seine Lebensschicksale mit denjenigen
seines Helden aufs innigste zu verschmelzen. Das Buch erhält dadurch eine Unmittelbarkeit der Empfindung, die ungemein packend
und ergreifend wirkt, so dass es in dieser Hinsicht über den andern
steht, trotzdem die Sprache wenig poetisch und die Tendenz durchaus realistisch ist. Constant will kein Idealist sein, seine Darstellung nimmt keine Rücksicht auf den Leser, aber gerade dadurch,
dass er rücksichtslos die geheimsten Regungen seines Herzens zergliedert, wirkt er packend, tritt er uns menschlich näher. Seine
Wahrheitsliebe hält ihn fern von Prahlerei und Ruhmredigkeit, sie
erweckt deshalb nirgends Widerwillen oder Abscheu, sie verletzt
auch nirgends die Formen des Anstandes. Auf der Wahrhaftigkeit

---

[1] Vgl. Menos (Herbages près Paris), S. 181; vgl. noch S. 179, und
Sainte-Beuve, *Revue des deux Mondes, nov. 1845,* S. 483.
[2] *Revue Internationale (Journal intime) 1887,* S. 446.

seiner Schilderung beruht der sittliche Wert des ganzen Buches.
Sie bewahrt den aufmerksamen Leser vor Irrtümern und Missgriffen;
denn die packend geschilderten, unheilvollen Folgen seiner Schwäche
wirken abschreckend. Ein tiefes Mitleid ergreift uns, wenn wir
sehen, wie hart Adolf für die Leichtfertigkeiten und Torheiten seiner
Jugend büsst, wie er vergeblich dem edelsten Gefühl der menschlichen Brust, der Liebe, nachjagt, wie Sinnenrausch und Ekel sein
ganzes Leben vergiften.[1]

CHARLES GLAUSER.

---

[1] *Revue des deux Mondes, avril 1834. S. 356: „Malgré la peinture et
l'analyse des sentiments qui peuvent nous paraître exagérés, mais qui ne le sont
pas, Adolphe n'en est pas moins un livre plein d'enseignement pour ceux
qui aiment et qui souffrent. Quand on est jeune on croit à peine à ses
conseils, à mesure que l'on vieillit on aperçoit qu'il en a beaucoup oublié.“*

I. Litteraturdenkmäler.

Constant Benjamin: *Adolphe, anecdote trouvée dans les papiers d'un inconnu, nouvelle édition, suivie de la lettre sur Julie et des réflexions sur le théâtre allemand du même auteur, avec un avant-propos de Monsieur Sainte-Beuce de l'Académie française (Paris, Calman Lévy 1884).*

Chateaubriand, *Atala, nouvelle édition, Garnier frères Paris.*

Gœthe. *Die Leiden des jungen Werthers.* Band 6. Heinrich Kurz's Ausgabe, Leipzig.

Rousseau, J. J. *La Nouvelle Héloïse. Éd. Lahure. Tome III. Paris, 1856.*

de Sénancour, *Obermann, nouvelle édition revue et corrigée avec une préface par George Sand. Paris Charpentier 1882.*

Briefe.

Lettres de Benjamin Constant à Madame de Charrière, *publiées par Gaullieur. Bibliothèque universelle. Série IV. Tome 6. 8. 12.*

Lettres de Benj. Constant à sa famille, *publiées par Menos 2ème édition. Lavine (Paris, 1888).*

Lettres de Benjamin Constant à Madame de Récamier, *publiées par l'auteur des souvenirs de Mme. de Récamier avec une notice sur Benj. Constant par L. de Loménie de l'Académie française 2ème édition. Paris (Calman Levy) 1882.*

Journal intime de Benj. Constant, *publié dans la Revue internationale (Janvier à Mars 1887) par Mr. Adrien Constant de Rebecque.*

Manuscrits Constant (Bibliothèque de Genève). *Lettres de Rosalie de Constant à son frère Charles.*

Lettres inédites et souvenirs biographiques de Mme. Récamier et de Mme. de Staël, *publiées par Mr. le Baron de Gerando. Paris 1868.*

II. Litteraturgeschichte.

Lady Blennerhasset. *Frau von Staël und ihre Freunde. 3 Bände. Berlin 1888.*

Brandes. *Die Litteratur des XIX. Jahrhunderts in ihren Hauptströmungen.*
I. Band: Die Emigrantenlitteratur. Leipzig 1882.
II. Band: Die romantische Schule in Frankreich. Leipzig 1883.

Démogeot. *Hist. de la littérature française depuis ses origines jusqu'à nos jours. Paris 1878.*

Gaullieur, E. H. *Études sur l'histoire littéraire de la Suisse française particulièrement dans la seconde moitié du XVIIIème siècle. Genève 1856.*

Godet Philippe. *Histoire littéraire de la Suisse française. (Neuchâtel 1890.)*

Lotheissen. *Litteratur und Gesellschaft in Frankreich zur Zeit der Revolution (1789—1794). Wien 1872.*

Mager. *Geschichte der französischen Litteratur neuerer und neuester Zeit (1789—1837). 2 Bände. Berlin 1837—1839.*

Nisard, D. *Histoire de la littérature française. T. IV. Éd. Didot, Paris 1867.*

Pellissier, George. *Le mouvement littéraire au XIXème siècle. Hachette 1889.*

Rossel, W. *Histoire Littéraire de la Suisse Romande.* 2 Bände. *Genève 1891.*

Sayous, H. *Le dix-huitième siècle à l'étranger. Paris 1861.*

Schmidt, Julian. *Geschichte der französischen Litteratur seit der Revolution.* 2 Bände. *Leipzig 1858.*

III. Abhandlungen.

Appell, J. N. *Werther und seine Zeit. Leipzig, Engelmann, 1865.*

Faguet, Emile. *XVIIIème siècle et XIXème siècle: Études littéraires. Paris 1890.* 2 Bände.

Sainte Beuve. *Causeries du Lundi Tome I, III, IV, V, VII, VIII, XI, XIII, XIV. Éd. 1868.*

Sainte Beuve. *Portraits contemporains Éd. Calman Lévy. Paris 1876. Tome I, II, IV, V.*

Sainte Beuve. *Portraits de femmes.*

Schmidt, Erich. *Richardson, Rousseau und Gœthe. Jena 1875.*

Sorel, Albert. *Madame de Staël. Hachette 1890).*

Strodtmann, Adolf. *Dichterprofile, Literaturbilder aus dem XIX. Jahrhundert. Band II. Stuttgart 1879.*

IV. Zeitschrift. Revue des deux mondes.

1. fév. 1833.   Loeve de Veimar *Étude sur Benj. Constant.*
1. avril 1834.   G. Planche. „*Adolphe*".
1. avril 1844.   Sainte Beuve. „*Benj. Constant et Madame de Charrière.*"
1. novembre 1845. Sainte Beuve. „*Un dernier mot sur Benj. Constant.*"
1. mai 1847.   Rémusat. „*De l'esprit littéraire sous la Restauration.*"
1. avril 1851.   Montégut. „*Vie littéraire depuis la fin du XVIIIème siècle.*"
1. mai 1855.   Montégut. „*Werther, types modernes en littérature.*"
1. novembre 1858. Montégut. „*Roman intime et littérature réaliste.*"
        1868. Sainte Beuve. „*Camille Jordan et madame de Staël.*"
1. novembre 1873. Blaze de Bury. „*Les grands courants de la littérature française au XIXème siècle.*"
1. décembre 1877 Brunetière. „*Littérature française sous le premier empire.*"
15. octobre 1882. Brunetière. „*Le personnage sympathique en littérature.*"
1. avril 1886.   „*Souvenirs du duc de Broglie.*"
1. septembre 1887. Emile Faguet. „*Madame de Staël*".
15. janvier 1888. Brunetière. „*La littérature personnelle.*"
1. juin 1888.   Emile Faguet. „*Benj. Constant.*"
15. octobre 1889. Brunetière. „*Le Mouvement littéraire au XIXème siècle*".
1. juin 1890.   Brunetière. „*Les Romans de Mme. Staël.*"
1. juin 1891.   Godet Philippe. „*Madame de Charrière; Une jeune fille du XVIIème siècle.*"

Lebenslauf.

Ich, Charles Pierre Glauser, reformierter Konfession, wurde am 27. Juli 1868 zu Cheseaux-Noréaz bei Yverdon (Schweiz) geboren. Nachdem ich die Bürgerschule zu Founex bei Coppet besucht hatte, trat ich im August 1880 in das Collège de Genève (section classique) ein. Im Juni 1887 bestand ich die Reifeprüfung und bezog darauf die Universität Genf, um alte Sprachen, Philosophie, Litteratur und Geschichte zu studieren. Hier bestand ich im Juli 1888 le Baccalauréat ès lettres und im April 1890 den ersten Teil der Licence ès lettres. Während meines Aufenthaltes in Genf hörte ich die Vorlesungen der Herren Professoren und Docenten: Oltramare (André), Nicole, Humbert †, Rod, Vaucher, Gourd, Ritter, Bernard Bouvier, Wertheimer, Vulléty. Seit November habe ich mich an der Universität Leipzig immatrikulieren lassen und hörte Vorlesungen bei den Herren Professoren und Doktoren: Wundt, Richter, Ribbeck, Masius, Adolf Birch-Hirschfeld, Sievers, von Bahder.

Ausserdem war ich Mitglied des lateinischen Proseminars, des deutschen und romanischen Seminars und hatte seit Oktober 1891 die Ehre unter Herrn Prof. Dr. Birch-Hirschfeld die praktischen Übungen des neufranzösischen Seminars leiten zu dürfen.

Allen meinen verehrten Lehrern, insbesondere dem Herrn Prof. Dr. Birch-Hirschfeld und dem Herrn de Beaux, Lehrer au der hiesigen öffentlichen Handelsschule, die mich bei Abfassung der vorliegenden Arbeit mit ihren schätzbaren Ratschlägen unterstützten, spreche ich an dieser Stelle meinen aufrichtigen Dank aus.